하루 5분 생활 명상

하루 5분 생활 명상

스스로를 치유하는
깨달음의 힘

박희승 지음

중앙books

들어가며

인생의 행복은
명상에 있다

이제는 고인이 된 스티브 잡스가 명상의 힘으로 애플을 창업하여 세계 최고의 기업을 경영했다는 것은 명상계의 전설이 되었다. 스티브 잡스의 참선이 실리콘밸리를 중심으로 널리 알려지면서 애플, 구글, 마이크로소프트 등 미국 첨단 기업 임직원들에게 명상 붐이 크게 일어났고, 이러한 흐름은 한국 대기업들에게도 영향을 주어 삼성, LG, SK 등에서 명상교육을 진행해 임직원들의 정신 건강에 도움을 주고 있다. 나 역시 종종 그런 명상 교육에 강연자로 초빙돼 예비 명상 지도자를 포함해 일반인 명상 교육에도 힘쓰고 있다.

　마찬가지로 연예인, 스포츠 스타 등 대중들의 관심에 극도로 노출되어 스트레스가 많은 유명인들도 스트레스 해소의 방법을 명상에서 찾고 있고, 매사 초조 불안과 스트레스에 찌들어 괴로움을 느끼는 현대인들도 마음의 평안을 위해 명상에 관심을 가지고, 또 공부하고자 하는 이들이 기하급수적으로 늘어나고 있다.

불안과 조급함을
사라지게 하는 명상

―――――――

사람은 누구나 나이가 들어간다. 나이를 먹을수록 몸의 기능이 점차 떨어지고 기억력도 예전 같지 않다. 이런 과정에서 마음은 쉽게 우울해지고 매사 조급증을 느끼게 된다. 그러나 나이 듦이 어쩔 수 없듯 세월 따라 몸이 노쇠해 가는 것 또한 막을 수 없지만, 오직 마음만은 그 자리를 지킬 수 있다. 방법이 무엇일까? '마음은 언제나 청춘'이라는 말처럼 마음을 늘 건강하고 편안하게 하는 방법이 바로 '명상'이다.

나이가 들었다, 지친다, 힘들다 하는 부정적인 생각이 들 때마다 우선 현재의 호흡에 집중해 보자. 호흡을 하는 동안 마음은 한 번에 한 곳으로만 향하게 된다. 불안하거나 조급할 때 잠시 호흡에 집중하면 우리는 불안하고 부정적인 생각에서 서서히 벗어나고, 점차 마음이 편안해지는 것을 느낄 수 있다. 매일 세수하고, 밥을 먹고, 차를 마시듯이 명상하는 습관이 생활화되면 나이가 들고 몸이 약해지더라도 마음은 늘 청춘일 수 있다.

이처럼 몸의 건강을 위해 꾸준히 운동하고 좋은 음식을 먹는 것처럼 마음 건강과 평안을 위해 불안과 근심 걱정을 비워가는 방법이 바로 명상이다. 명상이 습관이 되면 일상의 크고 작은 괴로움도 담담히 지나갈 수 있는 힘이 생겨난다.

참선 명상의
큰 흐름을 알고 시작하기

요즘 절이나 명상단체에서 운영하는 참선 명상 프로그램에는 크게 두 가지 흐름이 있다. 하나는 조계종 절을 중심으로 하는 전통 참선 프로그램이 있다. 주로는 화두 참선하는 법을 안내하고, 화두 없이 경전과 선어록 공부를 통해서 좌선하는 경우도 있다.

다른 하나는 우리가 보통 일반적인 명상법으로 익히 알고 있는 남방불교 전통의 위빠사나 명상법이다. 주로 호흡에 집중하거나 마음과 몸을 관찰하여 지혜와 자비심을 키우는 명상법이다. 한국 전통 화두 참선이나 남방불교 전통의 위빠사나 자비 명상 모두 다 좋은 명상법이다. 다 마음의 평화와 지혜를 계발하는 훌륭한 참선 명상법이다. 자기 인연에 맞게 선택해서 공부하면 좋다.

요즘은 기업이나 공공단체에서 명상 프로그램이 늘어나고 있다. 반갑고 좋은 일이다. 다만, 기업이나 공공단체에서 개설하는 명상 프로그램은 그 취지와 목적이 마음과 몸의 스트레스 감소와 치유에 있다. 스트레스가 많고 마음이 힘든 이들에게 이런 치유 명상도 필요하고 좋다. 하지만 이런 치유 명상은 심신의 치유와 회복에는 도움이 되지만, 생로병사의 괴로움을 근본적으로 해결하는 불교의 깨달음 명상과는 차원이 다르다. 치유 명상이 일시적인 치유와 행복을 안내하는 것이라면 생사의 괴로움을 벗어나 영원한 행복을 지향하는 것이 깨달음 명상이다.

하루 단 5분,
생활 명상을 시작하자

─────────

이 책은 대부분 일상의 괴로움과 생의 고통에서 벗어날 수 있는 깨달음 명상의 개념에 대해 소개하고, 또 깨달음 명상을 하루 딱 5분으로 시작할 수 있는 생활 명상의 방법을 안내한다. '하루 5분 생활 명상'은 하루 1440분 중에서 딱 5분 만으로도 가능해 누구나 시작할 수 있고, 일상에도 큰 부담이 없다. 누구든지 마음을 내면 할 수 있을 것이다.

처음 명상을 시작하는 사람이라면 어떤 명상을 선택할 것인지 본인이 좋은 방향으로 정하는 것이 좋다. 치유 명상으로 시작해서 깨달음 명상으로 가도 좋고, 깨달음 명상으로 바로 시작해도 좋다. 명상을 시작하려는 용기만 있다면 충분하다.

최근 대한불교조계종에서 오는 12월 11일부터 '하루 5분 선명상 캠페인'을 시작한다는 소식을 들었다. 조계종 총무원장 진우스님이 '2024 국제선명상대회'에서 제안한 하루 5분 선명상 참여 독려로 진행하게 된 행사다. 5분 명상이 우리 일상에 좀 더 가까워지게 된 매우 반갑고 고마운 일이다.

2024년 겨울,

중효 박희승

차례

1장

우리는 왜
명상을 해야 할까

구글의 명상 프로그램
'내면검색'

　차드 멍 탄(Chade-Meng Tan)은 구글에서 명상 바람을 일으킨 사람이다. 그가 조계종 초청으로 한국을 찾아 자신의 프로그램과 미국 불교의 명상 흐름에 대하여 소개한 적이 있다.

　"불교가 동양에서는 노인을 위한 종교로 여겨지지만, 서양에서는 심오하면서도 굉장히 과학적인 종교이기에 인기가 높습니다." 구글 엔지니어 출신으로 세계적 명상가로 성장한 차드 멍 탄이 조계사에서 기자들에게 한 말이다. 차드 멍 탄은 싱가포르

계 미국인으로 불교 신자다. 그는 21세에 티베트 불교로 출가한 미국인 비구니 스님의 강연을 듣다가 "마음 닦는 것에 모든 게 달려 있다"는 말에 감동을 받아 불자가 됐다. 당시 느낌을 "수문이 확 열려 물이 마구 쏟아져 들어오는 것 같았다. 갑자기 내 인생의 모든 게 의미를 갖게 됐다"고 표현하기도 했다.

차드 멍 탄은 미국에서 대학원을 다니고 구글에 입사해 초창기 멤버가 되었다. 구글은 직원들이 업무시간의 20%를 각자 관심 분야 일을 하도록 보장한다. 차드 멍 탄은 이 시간을 활용해 직원들에게 명상을 소개하게 된다.

그가 처음 도입한 명상은 미국 매사추세츠대학 의대 명예 교수이자 스트레스 감소 클리닉의 창시자인 존 카밧진 박사가 개발한 'MBSR(Mindfulness Based Stress Reduction: 마음챙김 기반 스트레스 감소 프로그램)'이었다. 차드 멍탄의 기대와는 달리 MBSR 명상은 별 호응이 없었다. 구글 직원들은 대부분 20~30대 젊은이인데, 그들은 치열하게 경쟁하는 대학과 대학원의 공부 과정에서 만나게 되는 스트레스는 이미 당연한 것으로 받아들였다. 심지어 명예훈장처럼 여겼기 때문에 '스트레스 감소 프로그램'은 주목 받지 못했다. 그래서 차드 멍 탄은 구글 직원들에 맞는 프로그램을 개발한다.

이것이 바로 회사의 지원으로 세계적으로 유명한 의사, 심리학자, 티베트 선승들을 초청해 수차례 세미나를 통해서 개발한 마음챙김(Mindfullness) 명상 기반 감성지능 강화 프로그램 '내면검색(Search Inside Yourself)'이다. 이 프로그램은 명상의 전문용어 대신 '감성지능', '주의력 발달', '내적 평화' 같은 표현을 쓰면서 지혜 개발과 성공을 도와주는 프로그램으로 디자인했는데 성공적이었다.

2007년부터 시작한 구글의 '내면검색' 프로그램은 7주 과정으로 이루어져 있었으며 수백 명이 참가했다. 구글이 명상 교육에 있어 한국의 기업보다 약 10년 이상은 앞선 셈이다. 참가자들은 프로그램을 통해 이전보다 감정 조절이 쉬워지고 마음이 편해짐을 경험한다. "이 교육 덕택에 제 삶이 바뀌었어요"라고 평하는 직원도 있었다. 직원들은 명상 프로그램으로 자신의 일에서 새로운 의미와 만족감을 발견했다.

직장을 그만두려다 이 교육을 통해 인간관계가 좋아지고 승진했다는 사람도 있었다. 차드 멍 탄은 이 명상교육의 목표를 스스로 자존감을 높이고 인간관계와 리더십 능력을 향상시켜 성공적인 인생이 되도록 돕는 것이라 했는데 이는 성공적이었다.

차드 멍 탄은 자신의 경험을 세상에 알리기 위해《Search Inside Yourself》라는 유명한 책을 썼는데 세계적인 베스트셀러가 된다. 이 책으로 차드 멍 탄은 유명 인사가 되었다.

차드 멍 탄은 지난 한국 방문 때, 불교 지도자들에게 한마디해달라는 기자의 요청에 자신에겐 '그런 말을 할 자격이 없다'면서도 이렇게 제안했다. "불교의 장점을 더 강화할 필요가 있습니다. 현대인들이 더 효과를 보도록 쉬운 표현으로 가르치고 유튜브에 가르침을 올리는 것도 좋겠죠. 불교를 과학과 더 접목시키는 노력도 해야 합니다."

삶을 바꾸는 길은 바로 '마음챙김'

차드 멍 탄이 구글에서 성공시킨 7주 '내면검색' 명상 프로그램은 약 20시간으로 진행되며, 총 3단계로 구성되어 있다. 1단계는 직원들이 '감성지능'을 갖추게 하는 주의력 훈련으로 '마음챙김' 명상을 한다. 차드 멍탄이 강조한 '감성지능(Emotional

Intelligence)'이란 EQ(감성지수)가 IQ보다 중요하며, EQ는 훈련을 통해 개발할 수 있다는 현대 교육학의 연구 결과에서 나온 개념이다. 감성지능은 업무에서도 뛰어난 성과, 탁월한 리더십, 그리고 행복의 조건을 창조할 수 있는 능력이다.

'긍정심리학'으로 유명한 셀리그만 교수는 낙관적인 보험사 직원이 비관적인 직원들보다 실적이 더 낫다고 이야기한다. 감성능력이 지능이나 전문성보다 탁월한 성취를 이루는 데 두 배나 더 중요하다는 연구 결과도 있다. 이처럼 감성지능은 인간을 이전보다 더 훌륭한 리더로 만들어주기도 한다. 리더들의 탁월한 능력의 80~100%가 감성적인 능력으로 구성되어 있다는 의미다.

이처럼 감성지능은 인간에게 중요한 역할을 하는데, '내면검색' 프로그램은 이 감성능력 개발에 그 목표를 둔다. 이 감성지능 개발에 도움을 주는 것이 바로 '마음챙김 명상'이다. 스트레스 감소 명상 프로그램 MBSR을 개발한 존 카밧진은 '마음챙김'을 '판단을 배제한 채 의식적으로 현재의 순간에 주의를 기울이는 것'이라 설명한다. 틱낫한 스님은 마음챙김을 '자신의 의식을 지금의 현실에서 살아 있도록 하는 것'이라 말하기도 했다.

차드 멍 탄은 '마음챙김법'을 쉽게 시작할 수 있는 두 가지 방법을 제안한다. 한 가지는 2분간 앉은 상태로 자신의 호흡을 지속적으로 자연스럽게 주시하는 것이다. 자신이 숨 쉬고 있음을 의식하는 것으로 시작해 숨 쉬는 과정으로 주의를 돌린다. 그러다 주의가 딴 곳으로 갈 때마다 그냥 부드럽게 원위치시킨다. 이보다 더 쉬운 마음챙김의 방법은 그저 2분 동안 가만히 앉아 있기만 하면 된다. 이것의 의도는 '행위'에서 '존재'로의 전환이다. 2분 중 자유롭게 아무 때나 쉬운 방법에서 더 쉬운 방법 사이를 왔다 갔다 해도 된다.

이렇게 간단하게 할 수 있는 것이 바로 마음챙김 연습이다. 자주 연습하면 그것은 마음속의 고요함과 청명함을 더 깊게 해주며, 일상의 매 순간순간을 온전히 만끽하게 된다. 삶을 바꾸는 길이 여기에 있다.

명상도
운동이다

───────

차드 멍 탄은 명상을 운동에 비유한다. 우리가 운동을 하면 이전보다 몸이 더 건강해진다는 것을 누구나 알듯이 (심지어 운동하지 않는 사람들도 안다) 마음에 좋은 운동이 바로 명상이다. 몇 주일이나 몇 달간 자신만의 시간을 정해서 규칙적인 명상을 하면 활력이 넘치고 평온해지며 즐거워진다.

내면검색의 방법으로는 명상 외에도 나 스스로의 마음의 소리 듣기, 대화를 통한 공감능력 개발하기, 나아가 자기 통제력을 키워 감정을 스스로 조절하는 능력을 키우는 것도 있다. 마지막으로 유용한 방법은 '정신습관 창조'가 있다. 누군가를 만날 때마다 습관적으로 먼저 '이 사람이 행복하길 바란다'는 긍정적인 상상을 하는 것이다. 이런 습관은 사람관계에 신뢰와 협력을 굳건히 하며, 스스로의 마음 또한 편안해지게 한다.

차드 멍 탄은 명상은 곧 세계 평화를 위한 것이라 말하기도 했다. 세상의 변화를 원한다면 스스로 변화를 시작해야 한다는 것이다. 그는 명상에 대중들이 쉽게 접근하려면 명상이 의학처럼 과학의 한 분야가 되어야 한다고 말한다.

실제 차드 멍 탄의 프로그램에는 심리학자와 의학자들의 전문적인 자문이 주효했고, 여러 실증적인 데이터를 활용하기 때문이다. 나아가 차드 멍 탄은 명상을 현실의 삶과 융합시키고자

했다. 그는 명상은 현실적이어야 하며, 보통사람들의 삶과 관심
사에 부합해야 그 역할을 제대로 할 수 있다고 강조했다.

명상의
과학적인 효과

어째서 스티브 잡스나 앨 고어, 리처드 기어와 구글의 엘리트들이 명상에 매료되었을까? 미국 주류사회의 사교모임에서 주 화제는 명상과 요가인 경우가 많아 이것을 모르면 서로 대화가 통하지 않을 정도라 한다.

이제는 미국 할리우드 톱스타나 CEO들의 취미가 명상이라는 뉴스는 우리에게 익숙하게 다가온다. 동양에서 깨달음을 향한 수행법으로 알려진 참선 명상이 어떻게 서양 엘리트들에게 이토록 주목받게 된 것일까? 이유는 다양할 것이나 무엇보다 중요한 사실은 명상의 과학적인 효과 때문이다.

미국사회에서 참선은 스즈끼 다이쎄스 등 일본 불교 선사들, 한국 명상 불교의 숭산 스님, 달라이 라마 등 티베트 불교, 태국과 미얀마 등 남방불교의 참선법이 주로 종교적인 차원에서 처음으로 전래되었다.

하지만 미국에서는 참선이 깨달음의 종교적인 목적과 더불어 마음의 평안과 지혜 계발, 그리고 건강 관리 차원에서 더 각광을 받고 있다.

한국심리학회장을 지낸 장현갑 교수의 저서《명상에 답이 있다》에 따르면 서구에서 명상의 과학적인 연구가 활성화되기 시작한 것은 1993년 미국 국립보건원 산하 대체의학연구소에서 명상 연구에 연구비를 지원하면서부터라고 한다. 그러나 이미 1975년에 하버드대 벤슨 박사가 명상을 통한 이완 반응 연구 결과를 내놓았고, 이를 바탕으로 1979년에 매사추세츠 의과대학 존 카밧진 박사가 MBSR 프로그램을 개발해 환자들의 치유에 활용하는 의학적인 진전이 있었다.

MBSR은 현재 서구를 대표하는 명상 치유 프로그램이 되었다. 2010년을 기준점으로 미국에서 250곳 이상의 대학병원과 종합병원에서 이 프로그램이 진행되고 있으며, 우리나라에도 도입되어 확산되고 있다. 삼성그룹이 개발한 명상 프로그램도 MBSR을 현실에 맞게 수정한 것이다.

1990년대에 뇌과학 연구가 폭발적으로 증가하면서 참선 연구는 한 단계 도약하게 된다. 뇌과학에 따르면 인간의 사고와 행동은 뇌의 분석을 통해 긍정적으로 이해가 가능하다는 것이다. 뇌과학의 발전으로 지난 100여 년간 인간의 마음을 연구해온 심리학과 사회과학 영역에도 패러다임의 전환이 이루어져 명상은 더욱 주목받게 되었다.

심신 치료에
주요 방법이 된 명상

2000년대에 들어 명상은 스트레스 관련 질환이나 통증 치료에 본격적으로 활용되기 시작한다. 이러한 흐름이 더욱 강화된 것은 2005년 미국 신경과학회에 노벨 평화상을 수상한 달라이 라마가 초대되면서이다. 달라이 라마는 미국 과학자들에게 인간의 마음에 대한 연구와 명상의 효과에 대한 과학적인 연구를 적극 장려하고 지원했다. 오랫동안 참선해온 티베트 불교의 스님들로 하여금 미국 과학자들의 임상 실험에 참여토록 한 결과 명상에 들어간 스님의 손가락은 5도, 발가락은 7도나 온도가 상승했다. 이처럼 신비한 연구 결과는 서구 과학자들에게 더욱 비상한 관심을 불러일으켰다.

이제 참선 명상은 현대 심리학, 의학, 뇌과학의 중요한 연구 주제가 되었고 심신 치료의 주요 방법 중 한 가지가 되었다. 동양에서 발원한 참선이 서양에서 과학기술과 만나 심신 치료와 디자인, 경영, 리더십 등등 사회 여러 분야로 확산되고 있다.

참선하면 행복해지고
열정도 솟는다

참선의 과학적인 효과는 서양인들에게 비상한 관심을 불러일으켰다. 이에 대한 기초적인 연구는 뇌파 분석에서 나왔다. 사람의 뇌는 기본적으로 전기 활동과도 유사한데 자극이 오면 뇌파가 일어난다. 뇌파는 델타, 세타, 알파, 베타, 감마의 5가지로 구분

되는데, 그중에서도 참선을 하면 세타파와 감마파가 나오는 것으로 알려졌다.

사람이 잠을 자면 초당 1~4의 주파수가 나오는데, 이것을 델타파라 한다. 참선할 때 나오는 세타파는 초당 4~8 주파수로, 깊은 통찰이나 아이디어가 떠오를 때의 뇌파이다. 초당 12~30 주파수의 베타파는 생각이 많거나 걱정할 때의 뇌파로 스트레스가 여기에 해당한다. 감마파는 초당 30~50의 주파수로 고도로 집중할 때 나오는데, 수행을 오래한 스님한테나 볼 수 있는 특별한 뇌파라고 한다.

과학자들의 연구에 따르면 참선하는 수행자의 뇌는 세타파에서 시작해서 오랫동안 수행하면 감마파가 나온다고 한다. 특히 세타파는 인지기능을 높여주면서 신체적 능력도 동시에 높여주는데, 운동선수들이 대기록을 수립할 때 느끼는 무념무상의 경지와 같은 뇌파라고 한다.

하버드 의대의 허버트 벤슨 박사팀은 기능적 자기공명영상(fMRI) 장치로 명상하는 뇌를 분석한 결과, 뇌의 활동은 점차 낮아지지만 주의나 각성, 그리고 평화를 담당하는 뇌 부위는 오히려 활성화되어 '안정과 활동'의 양면 작용이 동시에 관찰되었다고 한다.

　미국 위스콘신대의 리처드 데이비슨 박사는 뇌의 앞부분인 전두엽의 좌우피질의 활동 상태를 관찰해 사람의 기분 상태를 알 수 있다는 결과를 도출했다. 전두엽의 오른쪽이 활발해지면 불행하거나 잡념이 많아지고, 왼쪽이 활발하면 행복해지고 열정이 나온다는 것이다. 데이비슨 박사는 1만에서 5만 시간 이상 명상해온 티베트 스님 175명을 대상으로 fMRI를 촬영한 결과 한 사람도 예외 없이 전두엽의 좌측 기능이 우측에 비해 우세했다고 한다.

　데이비슨 박사는 또 다른 연구에서 스트레스가 많은 연구원들에게 8주간 명상을 시키고, 명상하지 않은 연구원들과 건강 상태를 비교 연구했다. 명상한 연구원들은 면역기능이 높아져 명상을 하지 않은 연구원들에 비해 감기에 덜 걸렸으며, 좌측 전두엽 기능이 높아져 긍정적이고 쾌활한 정서를 보인 것으로 나타났다. 스트레스에도 비교군에 비해 강해진 것으로 관찰됐다.

　매사추세츠 병원의 사라 라자 박사팀은 법관과 언론인 등 지식인을 대상으로 매일 40분씩 두 달에서 1년 정도 명상을 하게 했더니, 스트레스가 감소하고 기분이 좋아지며 사고가 명료해

졌다는 피드백을 얻었다. 즉, 명상을 하면 일상에서 집중력을 높이고 행복한 마음 상태를 유지할 수 있었다는 것이다.

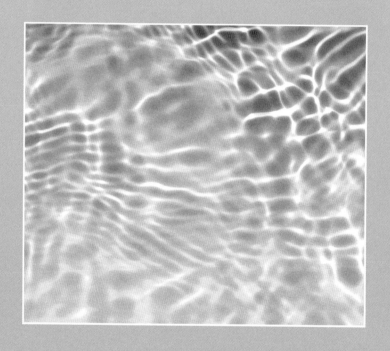

노화를 늦추는
명상

미국과 유럽에 불고 있는 명상 바람은 과학과 의학적인 연구에 의해 실제로 입증되고 있다. 미국 국립보건원 통계 자료에 의하면 이미 십수 년 전인 2007년 미국에서 마음챙김 명상과 관련한 지출이 40억 달러(약 4조 4000억 원)가 넘었다고 하니 바야흐로 명상산업, 마음산업 시대가 열린 지는 벌써 까마득한 과거가 되었다.

서구에서 이러한 흐름을 선도하고 있는 것은 의학과 뇌과학,

심리학자들이다. 메릴랜드 의대의 케빈 천 박사는 임상 연구를 통해 명상이 불안을 낮추는 데 효과가 있다고 보고했고, 보스턴 대학 호프만 박사는 명상이 불안과 우울을 줄이는 데 효과가 있다고 발표했다. 텍사스기술대학 탕이위안 박사팀은 30분씩 5회의 명상만으로 스트레스 호르몬이 낮아지고 집중력, 실행기능, 면역기능이 좋아지는 것을 발견했다고 한다.

명상 붐은 우리나라 의료계에도 도입되고 있는데, 이제 가까운 종합병원에서 환자를 위한 명상 프로그램을 보는 것은 어렵지 않다. 장현갑 교수는 《명상에 답이 있다》에서 명상의 과학적인 효과를 설명하며 명상이 스트레스 감소에 큰 도움이 된다는 점을 꼽았다. 우리가 미래에 대한 불안이나 우울 또는 긴장 같은 스트레스 상태가 되면 우측 전두엽에 흥분파를 보여주는데, 명상을 하면 과다한 흥분파가 진정되면서 좌측 전두엽이 활발해져 심리적인 안정감을 느끼면서 곧 스트레스를 받지 않게 된다는 것이다.

또한 명상을 하면 뇌에 세로토닌(serotonin) 분비가 증가하게 된다. 세로토닌은 행복할 때 분비되는 신경전달물질이다. 사람이 우울증에 빠지면 세로토닌 분비가 감소한다고 한다. 그래서 우울증 환자에게는 세로토닌 분비를 증가시키기 위해 항우울제를 처방하기도 한다. 그러나 약을 복용하는 대신 명상을 하면 자연스럽게 세로토닌 분비가 증가하게 되고, 우울증이 개선되고 행복해질 수 있는 효과를 누릴 수 있다.

이처럼 명상은 우울증 예방효과에 탁월하다.《세로토닌하라》의 저자 이시형 박사는 강원도 홍천에 힐리언스 선마을이라는 명상센터를 세우고 세로토닌 운동을 하고 있다. 이시형 박사는 OECD 국가 중 자살률 최고의 우리나라 국민들이 행복해지기 위해선 뇌에서 세로토닌이 많이 분비되도록 해야 한다며, 그 대안으로 명상과 운동이 필수라고 강조한다.

잠과 치매에
도움이 되는 명상

명상은 빨리 잠들게 하고, 깊은 숙면에도 도움이 된다. 평소에 명상을 자주 하는 사람은 그렇지 않은 사람에 비해 숙면 효과를 누리는 연구 결과도 있다. 쉽게 잠이 들고 또 깊은 잠을 잘 수

있다.

또한 명상은 노화를 늦추고 치매를 예방하는 효과도 있다. 명상은 신체의 생리적인 기능을 조절하는 데 도움이 되기 때문이다. 명상을 통해 신체기능이 정상화되면 노화 진행이 점차 늦춰지고 건강해진다.

명상은 인지와 기억 뇌세포 기능을 높여 치매 예방에도 도움이 되는 것으로 알려져 있다. 한국의 여러 실버타운에서 운영하는 프로그램에 명상 프로그램이 빠지지 않는 이유도 여기에 있다. 이 밖에 명상은 집중력과 창의성을 높이고 자존감을 높이고 마음이 편안해지도록 한다. 명상 수행을 잘하고 있는 사람의 얼굴은 늘 밝고도 편안하다.

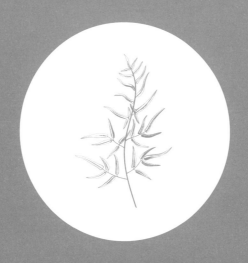

2장

하루 5분
생활 명상

하루 딱
5분

　종교를 초월해 참선 명상하는 사람들이 늘어나고 있지만 여전히 참선 명상을 시작하려는 용기를 내기가 쉽지 않다. 바쁜 일상생활과 스마트폰, 동영상, TV, 게임 등 인터넷과 미디어의 자극에 익숙한 현대인이 고요히 내면을 바라보기란 쉽지가 않기 때문이다.

　그렇더라도 스트레스와 짜증, 화, 우울이라는 괴로움에서 벗어나 고요하고 밝은 마음을 회복하려면 참선 명상을 하는 것이 가장 좋다. 참선 명상은 인류 문명사에서 최고의 발견이자 빛나는 선물이다. 스트레스를 느낀다고 알코올이나 약물, 마약과 같은 외부의 물질에 의존하면 쉽게 중독이 되거나 다른 무엇인가에 계속 의지해야 하지만, 명상은 스스로의 지혜와 능력으로 내면을 치유하는 길이니 이보다 좋을 수 없다.

참선 명상은 현재의 상황을 긍정적으로 개선할 수 있는 최고의 자기 계발의 길이자 영원한 행복의 길이다. 무엇보다 중요한 것은 용기를 내어 참선 명상을 우선 시작하는 것이다.

'시작이 반이다'라는 말이 있다. 어떻게 시작할 것인가? 하루 단 5분 명상을 시작해보자. 하루 1440분 중에서 5분이다. 큰 부담이 없다. 누구든지 마음을 내면 할 수 있을 것이다. 양치하고 세수하는 시간도 안 된다. 부담 없이 편안한 마음으로 하루 5분 명상을 시작해보자.

하루 5분,
규칙적으로 좌선하기

———————

나의 하루 5분 명상 입문 이야기를 소개한다. 나는 시골에서 태어나 중학교 2학년 때 우연히 가까운 절에서 겨울 방학을 내게 됐다. 당시 이웃 동네 대학생 형님(지금은 과학 대중화로 유명한 박문호 박사)으로부터 "너도 깨달으면 부처가 될 수 있다"는 말을 듣고, 부처 되는 길을 공부하기로 결심했다.

그런 인연으로 자연스럽게 종립 동국대에 들어가 불교 공부와 신행 생활을 시작하게 됐다. 나름 열심히 공부하며 수행했고, 불교의 진리에 대한 확신을 가지게 되었다. 그렇게 하여 조계종 총무원에 들어가 불교를 위해 일하다가 종단 내분과 갈등을 지켜보며 회의감이 들었다. 부처님은 지혜와 자비를 가르쳤는데 어째서 우리 조계종단은 이렇게 싸우는가? 하는 생각에 마음이 괴로워 다른 진로를 고민하다가 마지막으로 산중에서 눈 밝은 선지식을 찾아보고, 그래도 답이 없으면 종단을 떠나기로 결심하였다.

고우 스님을 찾아뵈니 첫눈에 '아, 세상에 도인이 있다더니 이런 분을 도인이라 하겠구나!' 하는 확신이 들었고, 더 이상 다른 분을 만나지 않아도 되겠다는 확신이 들었다. 그래서 봉화 태백산 각화사 서암으로 자주 가서 법문을 들으니 불교에 대한 바른 안목과 선(禪)에 눈이 뜨이기 시작했다.

특히 고우 스님으로부터 "성철 스님 《백일법문》 상권 근본 불교사상편을 반복해서 읽어 부처님의 깨달음이 중도연기라는 것을 확실히 이해하면 팔만대장경을 회통할 것"이라는 말씀을 듣고 그렇게 하니 불교 이치에는 더 이상 의심이 없어지고 믿음이 확연했다. 그리하여 다시 참선을 하고 싶은 마음이 저절로 났다. 그때 마침 고우 스님께서 적명 스님을 만나 보라 하시어 은해사 기기암 선원으로 적명 스님을 찾아뵙고, 이렇게 물었다.

　　"스님, 평생 참선해오셨으니 저 같은 직장 생활하는 사람이 참선을 하고 싶은데 좋은 비법이 있으면 좀 알려주십시오."

　　이렇게 청하니, 적명 스님께서 "하하하" 하고 크게 웃으시면서 이렇게 말했다.

　　"이 참선의 길에 좋은 비법이 있다면 나도 그렇고 내 주변에 숱하게 도인이 나와야 할 텐데 아직 깨달은 도인이 많지 않은 걸 보니 그런 왕도는 없는 거 같습니다. 대신에 내가 한 방법을 알려줄 터이니 한번 해보시겠습니까?"

　　"예, 말씀해주십시오. 그렇게 하겠습니다."

　　"그럼 됐습니다. 하루에 딱 5분 만 좌선을 해보세요. 아무리 바쁜 사람도 하루에 5분 시간을 낼 수 있을 겁니다. 5분도 시간을 내지 못하는 사람은 참선할 자격이 없는 겁니다. 그러니 단 5분만이라도 좌선하는 습관을 들이는 것으로 시작하면 됩니다.

대신에 그 5분을 아무 때나 하지 말고 하루 중 자기를 돌아보기 가장 좋은 시간에 5분을 딱 정해놓고 그 시간이 되면 무조건 앉는 습관을 들여야 합니다. 그렇게 5분씩 규칙적으로 좌선하는 습관이 자리 잡히고 매일 5분씩 좌선하다 보면 어느 날 문득 삼매 체험이 되는 날이 올 겁니다. 중단하지만 않으면 그 삼매 체험이 반드시 옵니다. 그러면 '아 참선이 이렇게 좋구나!' 하는 확신과 자신감이 들어 시간을 조금씩 더 늘려나가 마침내 공부 힘이 붙을 겁니다. 그러면 스스로 참선으로 견성하여 부처 되는 길로 가게 되는 것입니다."

적명 스님의 이 말씀을 듣고 나도 매일 5분 좌선하기를 실천하기로 마음을 먹었다.

나를 바꾼
하루 5분 참선 명상

하루 중 어느 때에 5분 참선을 할까? 당시에 마음이 힘들어

조계사 대웅전에서 매일 108배를 하고 출근한 지 1년 가까이 되었다. 조계사 법당에서 108배를 한 뒤 땀을 좀 식히면서 5분 좌선하면 되겠다고 생각하고는 한 주를 시작하는 월요일부터 그렇게 했다.

그렇게 조계사 법당에서 108배를 하고는 방석에 앉아 5분 동안 화두 참선을 시작했다. 처음 시작할 때는 오히려 잡념이 더 많아지고 화두가 잘 잡히지 않았다. 그렇지만 5분 동안만 앉는 것이니 몸은 그리 힘들지 않았다.

처음 며칠 동안은 아무런 변화도 없었다. 그렇게 5분 참선을 시작한 지 며칠 지났을 때, 하루는 5분 참선을 하던 중 찰나 간에 마음이 환하게 밝아지고 몸이 깃털처럼 가벼워지면서 마치 하늘을 나는 것 같은 삼매 체험을 하게 되었다.

삼매를 체험한다는 것은 무엇일까? 화두나 호흡에 집중하는 참선 명상을 하다 보면 어느 날 문득 마음이 고요해지고 환하게 밝아지면서 유리처럼 맑고 투명한 의식을 체험하는 것이다. 이것이 삼매 체험이다. 5분이라는 짧은 시간이었지만, 그렇게 마음이 환하게 밝아지는 삼매를 체험한 것은 인생에서 처음 있는 일이었다. 그때 무릎을 탁 치고는 "이래서 스님들이 화두 참선을 하라는 것이구나!"라는 생각이 들었다.

그렇게 5분 참선을 시작해서 5일 만에 짧은 삼매 체험을 하니 그때부터 참선에 대한 확신과 자신감이 배가되었고, 5분이 너무 짧다는 생각이 들고, 108배 하는 시간도 아깝다는 생각으로 절을 중단하고 좌선 시간을 15분으로 늘렸다. 그 뒤로는 점차 마음이 편안해지며 스트레스와 짜증, 화가 줄어들었고, 나 자신과 세상을 바라보는 시각도 긍정적으로 변하기 시작했다.

정해진 시각에
무조건 시작하기

참선 명상을 시작하고 싶은 분들께 하루 5분씩 정해 놓은 시간에 무조건 시작해보기를 권한다. 하루 1440분 중 5분은 비록 짧은 시간이지만, 막상 처음 참선 명상을 시작할 때에는 부담이 있을 것이다. 하지만 초조 불안과 스트레스, 짜증, 화, 부정적이고 우울한 감정을 긍정적으로 돌리고 밝고 편안한 마음을 회복하는 것에는 참선 명상만 한 방법이 없다. 복잡하고 빠르게 변하는 세상에서 평상심을 유지하고 지혜를 밝히는 데 이만큼 좋은 것이 없다.

하루 5분 명상은 별도의 비용이나 장소도 필요 없다. 그냥 집이나 사무실도 좋다. 출퇴근하는 버스나 지하철 안에서도 가능하다. 좌선하는 가부좌 자세가 가장 좋지만, 그냥 의자에 앉아서도, 서서도 할 수 있다. 오직 마음을 한 곳으로 모아 잡념과 망상을 비우면 된다. 하루 중 가장 잘 자기를 돌아 볼 수 있는 시간을 정해 스마트폰에 알람을 설정해두고 5분 동안 호흡이나 화두에 집중하면 된다. 단 5분이라도 명상을 해서 잡념, 쓸데없는 생각을 비우기만 해도 마음이 고요해지고 편안해지며 밝은 기운을 느낄 수 있다.

하루 5분 명상을 멈추지 않고 해나가면 어느 날 문득 삼매를 체험하는 날이 온다. 그러면 스스로 시간을 늘려나가서 더 좋은 체험을 계속할 수 있게 된다.

나를 바로 보는 명상
'나바오'

너무나 복잡하고 다양하며 빠르게 변하는 세상에서 자기 중심을 잡고 흔들리거나 넘어지지 않으려면 정신이 깨어 있어야 한다. 옛말에 '호랑이에게 물려가도 정신만 바짝 차리면 산다'는 말이 있다. 명상이 바로 정신을 깨어 있게 하는 것이다.

내가 지도하는 예비 명상 지도자들을 위한 온라인 소통방이 있는데 방의 이름은 '나바오 선명상방'이다. '나를 바로 보는 하루 5분 명상'이라는 뜻의 나바오 참선 명상을 시작하면 현재

겪고 있는 삶의 괴로움에서 벗어나, 행복으로의 여정을 시작할
수 있다.

매일 세수하듯
참선 명상하기

참선 명상은 명상 방법이 중요한 것이 아니다. 화두 명상을
하든지 호흡 집중 명상을 하든지 무조건 꾸준히 하는 것이 비결
이다. 매일 정해 놓은 시간에 단 5분이라도 규칙적으로 꾸준히
해서 명상을 생활화해야 한다.

하루라도 명상을 하지 않으면 뭔가 마음이 찜찜하고 언짢은
기분이 든다면 좋은 것이다. 매일매일 명상을 하니 마음이 편안하
고 점점 밝아지는 느낌이 들고, 짜증과 화가 줄었다면 명상의 효과
를 톡톡히 보고 있는 것이다. 이렇게 될 때까지 참선을 생활화해야
한다.

만약 하루 5분 참선 명상을 시작한 사람이 하루라도 깜빡하
고 지나치면 다음 날 5분에 5분을 더하여 전날 못한 것을 반드시
해야 한다. 단 하루라도 하지 않고 지나간 것을 버려두면 다음에

또 하지 않았을 때 '에이, 전에도 안 했는데 이번에도 그냥 지나가자!'는 마음으로 쉽게 5분 명상을 생략하게 되고 그것이 다음에 또 하루가 되고, 이틀이 되고 해서 마침내는 하는 날보다 안 하는 날이 많아져 결국 흐지부지되고 만다. 이렇게 되면 참선 명상이 중단되어 생활화하지 못하고 분별망상 속에서 헉헉대며 살아가게 되는 것이다.

하루 5분 명상을 시작할 때 오늘의 목표를 숨 쉬는 한 매일 5분씩 명상을 하자고 자기 자신과 약속을 해보자. 만약 너무 바쁜 일로 하지 못한 날이 있으면 다음 날 5분에 5분을 더하여 5분 명상을 생활화해 나가보자.

우리가 매일 세수하고 양치질도 하고, 샤워도 하면서 자신의 몸은 깨끗이 하는데, 자기 마음은 그냥 내버려둔다면 얼마나 그 마음이 점차 혼탁해질 것인지를 생각해보자. 마음도 몸처럼 청정하게 해야 한다. 마음을 깨끗하게 하려면 참선 명상이 최고의 방법이다. 우리의 마음을 화두나 호흡에 집중시키면 잡념, 망상이 저절로 사라져 고요해지고 맑아진다. 5분 명상할 때 근심 걱정이 떠오르더라도 일단 내버려두고 오직 화두나 호흡에 집중을 하자. 그러면 이내 번뇌가 사라지고 마음이 고요해지고 편안해질 것이다.

이렇게 매일 단 5분이라도 명상하는 습관을 들여서 마음을 몸처럼 청정하게 하면 표정도 점차 밝아지면서 얼굴에서 지혜의 빛이 난다.

인디언 기우제 지내듯
5분 명상하기

이렇게 매일 정해 놓은 시간에 5분 명상을 생활화해 나가면 언젠가 반드시 삼매를 체험하는 날이 온다. 그날이 언제 올지는 알 수 없지만, 반드시 온다.

매일 5분 참선 명상은 '인디언 기우제' 지내듯이 해야 한다. 인디언은 기우제를 지내면 반드시 비가 온다고 한다. 그 비결은 무엇일까? 비가 올 때까지 기우제를 지내는 것이다. 5분 참선 명상도 삼매를 체험할 때까지 포기하지 말고 계속해 나가야 한다. 만약 명상을 중단하면 영원히 삼매 체험은 하지 못한다. 그러니 중간에 포기하지 말고 꾸준히 지속적으로 해나가는 것이 중요하다.

한때 젊은이들 사이에서 '중꺾마!'라는 말이 유행했다. '중도에 꺾이지 않는 마음'을 말하는데, 하루 5분 명상에서도 '중꺾마!' 해야 한다. 중도에 꺾이지 않는 마음이 관건이다. 절대 포기하지 말고 매일 5분 명상을 규칙적으로 해나가다 보면 언젠가 반드시 삼매를 체험하는 날이 문득 온다.

늘 잡념에 시달리고 초조 불안에 시달리던 마음이 화두나 호흡에 집중하는 명상을 꾸준히 하다 보면 언젠가 문득 맑고 편안해지며 또렷또렷한 의식을 체험한다. 그러면 아, 내 안에도 이렇게 맑고 고요한 세계가 있구나! 하면서 이전에는 한 번도 느껴보지 못한 마음의 고요와 평안을 체험하게 된다.

이렇게 꾸준히 명상을 하다가 한 번이라도 삼매 체험을 하게 되면 명상의 가치를 알게 되어 스스로 시간을 늘려 나가게 된다. 이전에는 하루 5분 명상도 너무 길고, 명상을 하는 동안에도 망상이 많았는데, 이런 삼매 체험을 하고 나면 5분이 순식간에 지나가고 계속해서 고요하고 맑은 의식을 체험하게 된다. 전에는 남의 말이나 책에서 본 명상 체험 이야기를 스스로 체험하여 자기 것이 되니 명상에도 재미를 느끼고 자신감도 늘어나 시간을 10분이나 15분, 나아가 30분으로 점점 늘려 나갈 수 있다.

5분 명상이 불러오는
삶의 변화

———————

　매일 5분 참선 명상을 해나가다 보면 문득 참선 삼매를 체험하게 되지만, 설사 삼매를 체험하지 못하더라도 매일매일 참선 명상을 해나가면 삶에 여러 가지 좋은 삶의 변화가 온다. 이전에는 늘 밖만 보고 살았는데, 5분 명상을 하고부터는 내 안을 보게 되고, 내 마음이 얼마나 시끄럽고 복잡한가를 스스로 알게 되어 마음 공부가 더 절실하다는 것을 깨닫게 된다. 또 5분이라도 참선 명상을 생활화하면 생활을 규칙적으로 하게 되어 무질서했던 일상이 정리정돈이 된다.

　매일 5분 명상의 가장 좋은 점은 마음이 점점 편안해지고 밝아진다는 것이다. 잡념 망상이 들끓더라도 자꾸자꾸 하다 보면 자기도 모르는 새 마음이 고요해지고, 아늑해지며, 맑아지는 것을 느끼게 된다. 이런 마음의 고요와 평안은 책에서도, 맛있는 음식에서도, 멋지고 아름다운 풍경에서도 느낄 수 없는 오직 내 내면의 아름다움이다. 매일 5분 참선 명상을 하게 되면 이와 같이 본래 갖춰진 나의 아름다움, 평화, 고요, 지혜, 맑음, 밝음을 느낄 수가 있다.

매일 5분 참선 명상을 해나가면 내 안의 고요와 평안을 자주 만나게 되고, 힘들고 괴롭고 짜증나는 경계를 만나더라도 스스로를 위로하고 치유하는 지혜와 힘이 나온다. 자기 마음속에서 참으로 소중한 보물을 발견하게 되는 것이다. 그러면 자존감이 회복되고 스스로 존귀함을 깨닫게 된다. 아무리 힘들고 어려운 일을 만나더라도, 크고 작은 괴로움, 짜증, 화가 나더라도 의를 견디고 지나갈 마음의 지혜와 힘이 난다.

내 안의 진귀한 보물은 바로 지혜롭고 평화로운 본래 마음이다. 잡념과 번뇌망상을 비우고 걷어내면 우리의 본래 마음이 드러난다. 먹구름이 걷히면 밝은 해가 저절로 드러나듯이. 우리 본래 마음은 늘 밝게 빛나고 있는데, 우리는 그것을 알지 못하고 밖으로 구하고 치닫고 있는 것이다. 밖으로 구하는 마음을 참선 명상으로 돌이켜 내면을 보자. 내 안의 보물을 찾자. 오늘 지금 바로 여기에서!

다음으로는 우리가 일상적으로 시도할 수 있는 5분 명상의 다양한 방법을 소개한다.

평상심을 유지하기 위한
호흡 명상

옛 성인들께서는 병을 만났을 때 "몸에 병 없기를 바라지 말라. 몸에 병이 없으면 탐욕이 생기기 쉽나니, 병고로써 양약으로 삼아라" 하셨다. 그런데 막상 병이 왔을 때 우리는 괴롭고 힘들다. 몸에 병이 났을 때 마음을 어떻게 다스려야 할까? 병은 사람들이 피할 수 없는 괴로움 중 하나이다.

문제는 병으로 인한 고통보다 병을 대하는 우리의 마음이다. '내가 왜 이 병에 걸렸을까? 왜 내게 이런 병이 생겼지? 과연 나을 수 있을까? 많이 아프면 어쩌지?' 등등 온갖 생각이 든다. 그렇지 않아도 병이 났는데 이런 근심 걱정이 병을 더 키우게 된다. 그러니 병에 걸렸을 때, 병은 사람이라면 누구나 걸릴 수 있고, 아픔은 또 쉬이 지나가리라는 긍정적 마음이 필요하다. 어떤 상황이 와도 동요되지 않고, 고요한 상태로 마음을 유지하는 평상심으로 말이다.

평상심을 유지하는 방법으로는 호흡 명상을 권한다. 근심, 걱정이 떠오르면 그 걱정을 알아차리고 호흡에 마음을 집중해보라. 병으로 걱정이 떠오르거나 불안을 느낄 때마다 숨이 들어오고 나가는 호흡에 집중하다 보면 어느새 불안이 지나갈 것이다. 고통 자체가 없어지지는 않을지 몰라도 적어도 마음의 불안에서는 벗어날 수 있다.

성철 스님은 팔십이 넘어 병이 났을 때 병실로 문병 온 제자에게 "똑같다. 똑같다"라고 하셨다. 평상시나 병중일 때나 다름이 없다는 뜻이다. 이를 '병중일여(病中一如)'라 한다. 마음이 불안하고 답답할 때 우선 호흡에 집중하면서 아픔과 불안을 잠재워보자. 그렇게 다 지나갈 것이다.

잠에서 깨어날 때
서두르지 말라

잠에서 깨어날 때도 갑작스럽게 벌떡 일어나기보다 온몸과 마음을 천천히, 온전히 깨우기를 권한다.

아침에 눈을 뜨게 되면 바로 자리에서 일어나지 말고 그대로 누워서 심호흡을 천천히 하면서 숨의 흐름에 의식이 따라가도록 해본다. 배를 내밀며 코로 숨을 깊이 들이마시고 천천히 숨을 내보낸다. 그렇게 대여섯 번 복식호흡을 하면서 호흡 명상으로 마음에 떠오르는 잡념을 깨끗이 비워내보자.

의식은 호흡의 숨결을 따라가면서, 배꼽 밑 단전에 가볍게 힘을 준다. 몸의 중심인 단전에 힘이 모이면 온몸에 기운이 돌기 시작한다. 그런 다음 두 팔과 다리로 의식을 옮겨 본다. 손가락과 발가락을 가볍게 움직이면서 손과 발에 가벼운 자극을 주자.

마지막으로 두 팔과 다리를 쭈욱 뻗어 기지개를 켜본다. 온몸에 가볍게 힘을 주면서 손발을 쭈욱 뻗으면 혈액순환이 빨라지기 시작한다. 심호흡으로 몸 안에 들어온 산소가 허파와 심장을 통해서 혈관으로 들어가 빠르게 돌기 시작하면서 온몸을 일깨운다.

    이제 몸과 마음이 잠에서 깨어 일어나 활동할 준비가 되었다. 천천히 옆으로 일어나 잠자리를 정리하고 창문을 활짝 열어 신선한 바깥 공기를 집 안으로 불러들이자. 문을 열어 세상과 만나듯 마음을 일깨워 세상과 소통을 시작하는 것이다. 바로 샤워를 해 몸을 씻어내도 좋고, 마음을 청정하게 하는 5분 명상은 더욱 좋다. 이렇게 활기찬 하루를 시작할 수 있다.

숫자 세기 명상과
경청 명상

앞서 이야기했듯 '화'라는 감정을 잘 치유하는 방법이 바로
명상이다. 화가 났을 때 치유하는 가장 좋은 방법은 자신의 상태
를 알아차리는 것이다. 알아차린 후 비로소 평정심으로 돌아올
수 있다. 그러나 화가 극심하게 날 때는 이런 알아차림도 쉽지 않
다. 사고 기능이 마비되고 혈압이 치솟으며 얼굴이 붉으락푸르
락 달아오르고 손이 떨리기도 한다. 그럴 땐 일단 그 자리를 떠나
는 것이 좋다. 밖으로 나가 신선한 공기를 깊이 들이마시며 호흡

에 집중하면 어느새 분노가 가라앉는 것을 느낄 수 있다.

또 한 가지 좋은 방법은 화가 났을 때 터뜨리기보다는 일단 마음속으로 '스물'까지 숫자를 천천히 세어보는 것이다. 우리 속담에 '참을 인(忍) 자 세 번이면 살인도 면한다'는 말이 있다. '참을 인' 자는 모두 7획이다. 호흡에 집중하면서 마음속으로 천천히 '참을 인' 자를 세 번, 즉 스물한 획까지 써보자.

화가 계속되는 것은 우리가 자꾸 곱씹기 때문이다. 그러나 이런 방식으로 호흡에 집중하다 보면 불같이 타오르던 화가 어느 정도 가라앉는 것을 느낄 수 있다. 이런 과정을 반복해 보면 화의 '화력'이 그다지 오래가지 않는다는 것을 스스로 느낄 수 있다. 우리 선조의 지혜가 속담에 녹아있는 셈이다. 분노가 일 때마다 숫자를 세는 나만의 5분 명상을 규칙적으로 하다 보면 언젠가 화가 사라진 스스로를 발견하게 될 것이다.

마음으로 듣는
경청 명상

유명한 종교인에게 평소 가장 어려운 점이 무엇인지 물으니 인간관계라고 한다. 사회생활에서 좋은 인간관계를 맺기 위해서 가장 중요한 것이 바로 소통이다. 소통은 대부분 대화로 이루어지지만 겉핥기식의 대화를 통해서는 결코 제대로 된 소통을 하기 어렵다.

대화할 때 귀가 아니라 마음으로 듣는 방법이 있다. 이를 경청 명상이라 한다. 대화나 회의를 할 때는 나의 생각을 잘 전하는 것만큼이나 남의 말을 잘 듣는 것이 중요하다. 대화하면서 스마트폰을 만지거나 TV나 딴 곳을 바라본다면 대화가 잘 되기 어렵고, 원활한 소통을 기대하기 어렵다.

대화할 때는 대화에 집중해야 한다. 우선 상대와 대화를 시작하기 전에 잠깐 호흡에 집중하여 잡념을 비워 보자. 마음을 편안하게 하면서 얼굴에는 미소를 짓고 상대의 눈이나 인중을 보고 마음을 열고 말을 들어 보자. 그러면 귀로는 말을 듣지만 서서히 상대의 마음이 보이게 될 것이다.

대화할 때 상대를 편견을 가지고 대하면 내 마음에 색안경을 끼는 것과도 같다. 나의 선입견과 고정관념, 그리고 내 생각을 내려놓고 상대의 말을 있는 그대로 보고 들어보자. 마치 깨끗한 거울에 모든 것을 있는 그대로 비추듯이. 상대의 말을 들을 때 내 생각으로 판단하거나 분별하게 되면 상대의 마음을 잘 듣지 못하게 된다. 상대의 말을 왜곡이나 굴절 없이 텅 빈 마음으로 순수하게 들어보자. 그래야 이전보다 더 바른 이해와 판단을 할 수 있게 된다.

상대의 말을 귀가 아니라 마음으로 듣는 경청 명상으로 인간관계를 더 좋게 만들어보자. 머지않아 당신은 '너랑은 참 말이 잘 통해' 하는 평을 듣게 될 것이다.

편안한 잠과
평온한 마음을 위한 명상

　'잠이 보약'이란 말이 있다. 잠을 잘 자면 스트레스가 멈추고 피로가 풀려 우리 몸이 스스로 치유되고 면역력도 높아진다. 반대로 잘 자지 못하면 스트레스와 불안이 가중되기 쉽다.

　잠을 푹 자려면 우선 잠자는 시간을 정하는 것이 좋다. 정해 놓은 시간에 잠자리에 들어 눈을 감고 자기 자신에게 말해 보자. '오늘 하루도 수고했어. 이제 잠자는 시간이야.'

　자리에 눕자마자 그렇게 바로 잠이 들면 얼마나 좋을까. 하지만 막상 자려고 누워도 그날 스트레스 받은 일이나 근심 걱정 하던 생각이 떠오르고, 내일 일이 걱정된다. 꼬리에 꼬리를 물고 이런저런 생각과 분별심이 일어나 소설을 쓰기도 하고 드라마를 찍기도 한다. 뒤척이다 시계를 보면서 '지금 잠들어도 겨우 몇 시간밖에 못 자는데…'를 몇 번 반복하다 보면 거의 밤을 지새우게 된다.

그럴 때는 호흡에 집중해 보자. 편안하게 누운 채로 숨을 천천히 깊이 들이면서 배를 내밀고 잠깐 멈추었다가 다시 숨을 천천히 내보내면서 배를 당기는 복식 호흡이 좋다. 편안한 마음으로 호흡에 의식이 따라가는 것이다.

호흡을 놓치고 잡념이 떠오르더라도 알아차리고 다시 호흡으로 돌아온다. 이처럼 잠이 올 때까지 호흡 명상을 멈추지 않고 하다 보면 어느새 저절로 잠이 들고 또 숙면을 취할 수 있게 된다.

지금껏 명상 생활을 하면서 가장 좋았던 것이 누우면 바로 잠이 오고, 또 숙면한다는 것이다. 잠들기 전에 꼭 해보기를 권한다.

마음을 씻어내는
샤워 명상

─────────

보통 하루 중 언제 샤워를 할까? 대부분 아침이나 저녁에 몸을 씻게 된다. 하루의 시작과 끝에 늘 몸을 청결히 하는 행위를 한다는 점에서 샤워 명상은 일상생활에서 매우 중요하다. 흔히 우리는 몸을 씻으면서도 마음은 회사 일이나 뉴스, 이런저런 근심 걱정을 할 때가 많다. 그러면 샤워는 그냥 행위의 한 가지, 해야 할 일이 되어 버린다.

몸을 씻어내는 한 가지 행위를 하면서도 마음은 천지 사방으로 떠돌거나 스트레스 받는 일에 가 있을 수 있다. 이제부터는 샤워할 때 몸을 씻으면서 마음도 같이 씻어 보자. 먼저 샤워를 시작할 때 '샤워를 하면 몸과 마음이 깨끗이 씻겨질 것이다'는 생각을 해 보자. 물로 몸을 청결하게 하면서 잡념과 스트레스도 모두 깨끗이 씻어내는 것이다.

물로 머리끝에서 발끝까지 온몸을 적셔보자. 몸에 닿는 샤워 줄기의 느낌에 온전히 집중해 보자. 더우면 더운 대로, 차가우면 차가운 대로 받아들이고 느껴보자. 스트레스를 느끼는 생각을 따스한 물줄기에 흠뻑 적셔 흘러가게 내버려두자.

온몸을 물로 완전히 적신 다음 머리카락부터 얼굴, 목, 가슴, 배 순서대로 땀이나 때를 씻어내보자. 물로 몸을 적시고 손으로 몸을 문지를 때 그대로 손과 온몸의 모든 감각에 주의를 집중해보자. 몸을 씻어낼 때는 나의 몸과 마음이 온전히 하나가 되게 해야 한다.

이렇게 샤워 명상으로 몸도, 마음도 더 청정하고 개운하고 편안해지는 것을 느낄 수 있을 것이다.

장소에 관계 없는
5분 명상

　걸으면서도 명상을 할 수 있을까? 물론이다. 걷기 명상이 있다. 명상은 조용한 곳에서 앉아서 하는 것도 좋지만, 걷기처럼 몸을 움직이면서 하는 명상도 얼마든지 가능하다.

　걸으면서 어떻게 명상을 할까? 평상시처럼 걷되 마음을 호흡에 집중하거나 발의 움직임에 집중하여 잡념을 비우고 걸으면 된다. 걷기 명상을 할 때는 시선을 자기 키 정도 앞쪽 바닥에 두고 걷는 것이 좋다.

걸을 때 주변을 두리번거리면 마음이 시선을 따라 오락가락하며 산만해진다. 시선은 바닥을 보되, 걸음걸이는 평상시처럼 걸어본다.

걸을 때 땅을 내딛는 발에 마음을 집중해 보자. 오른발을 내디디면서 마음도 오른발에 집중하는 것이다. 다음에 왼발을 내디딜 때는 왼발에 집중해본다. 왼발과 오른발을 내디딜 때마다 마음이 왼발, 오른발과 하나가 되게 하는 것이다. 이렇게 몸이 가는 대로 마음이 함께하면 몸과 마음이 하나가 되면서 저절로 잡념이나 근심과 걱정이 사라지게 된다.

그러다 발걸음을 놓치고 잡념 속에서 걷는 자신을 알아차리면 다시 왼발, 오른발의 동작으로 돌아와 집중하면 된다. 출퇴근할 때나 운동 삼아 걸을 때, 왼발과 오른발을 내디딜 때마다 마음을 발에 집중하여 걸으면 마음이 고요해지고 편안해진다.

걸으면 운동이 되니 몸 건강에도 좋고, 명상을 하면 마음 건강에도 좋으니 일석이조의 효과가 있다. 다만, 위험한 계단이나 사람이 많은 복잡한 거리에서 명상하면서 걷기보다는 전방이나 바닥을 주시하면서 넘어지지 않도록 주의하는 것이 좋다.

먹는 것에만 집중하는
혼밥 명상

요즘은 혼자 식사하는 일, '혼밥'이 일상화된 시대이다. 혼밥은 다른 사람 방해를 받지 않고 명상 시간으로 활용할 좋은 기회이다. '무소의 뿔처럼 혼자서 가라'는 말처럼.

우리는 혼밥을 할 때조차도 '밥이 입으로 들어가는지 코로 들어가는지 모를 지경'으로 허겁지겁 때우는 경우가 많다. 이때 스마트폰까지 보면서 먹는다면 정말로 밥이 어디로 들어가는지 모를 수도 있을 것이다.

식사하기 전에 스마트폰은 주머니에 넣고, 먼저 식사에 감사하는 마음을 표현해 보자. 음식을 준비해 준 사람은 물론이고, 이 음식이 내 앞에 올 때까지 이어진 모든 것에 감사 기도를 하는 것이다. 그다음 단계로 나의 감각을 일깨워 보자. 눈으로 음식을 관찰하고, 코로 음식의 향기를 느껴 본다. 식사할 때 잡념이나 걱정에서 벗어나 밥 먹기에만 집중해보자. 숟가락으로 밥을 뜨고, 입에 넣고 씹는 동작에 몰입하자. 밥알을 씹는 느낌을 고요히 즐기되, 맛있는지 아닌지를 판단하는 생각은 잠시 멈추자. 그런 생각은 오히려 스트레스를 부르기 때문이다. 음식 맛은 느끼는 그대로 받아들이되 좋다, 나쁘다는 판단을 멈추자. 음식을 천천히 꼭꼭 씹어서 혀를 움직여 더 이상 씹을 것이 없는지 확인하고 삼켜보자. '오직 씹을 뿐', '오직 먹을 뿐'이다.

이처럼 식사 시간에 마음을 온전히 '먹기'에 집중하면, 스트레스나 잡념을 비울 수 있다. 밥 먹는 시간이 그대로 명상 시간이 되는 것이다.

혼자 식사하는 시간은 바로 명상을 하기 딱 좋은 기회이다.

출퇴근길
명상

출퇴근길 지하철이나 버스 안에서도 명상이 가능할까? 물론 가능하다.

우리는 간혹 명상을 참 어렵게만 생각할 때가 있다. 명상은 언제 어디서나 장소와 시간에 구애받지 않고 할 수 있다. 하루 단 5분, 그것도 어려우면 3분씩만 해도 된다. 다만 짧게라도 매일 하는 것이 좋다. 의식하지 않는 사이에 마음의 근력은 자라난다.

지하철, 버스 안에서는 호흡 명상을 하는 것이 좋다. 호흡은 우리 몸과 마음의 상태를 반영한다. 운동을 하면 호흡이 가빠지고, 긴장하거나 두려울 때에도 호흡이 빨라진다. 그러나 우리가 호흡에 집중하면 빨랐던 호흡이 잦아들고 이완이 된다. 몸과 마음을 정리하는 시작이 호흡이다.

출퇴근길 지하철이나 버스의 한 구간을 나만의 명상 구간으로 정해보자. 스마트폰은 주머니에 넣고 오롯이 호흡에만 마음을 집중해 보자. 지하철의 한 정거장은 평균 3분 정도인데, 그 3분 동안 숨이 들어오고 나가는 코끝 혹은 인중을 느껴보자. 처음엔 자신의 숨결이 잘 느껴지지 않을 수 있다. 그러나 천천히 계속해보면 어느 순간 미세한 숨결이 느껴질 것이다

막상 시도해보면 한 정거장, 3분도 호흡에 집중하기 어렵다는 것을 느낄 수 있는데 이는 당연하다. 숨을 들이쉬고 내쉴 때마다 숫자를 붙여보는 것도 집중에 도움이 된다. 잡념이 떠올라도 일단 그대로 두자. 호흡으로 다시 돌아와 집중하면 잡념은 곧 사라질 것이다.

한 정거장 동안 호흡에 집중했다면 일단 성공이다. '한 정거장'에 성공했다면 '두 정거장'에 도전해보자.

3장

치유 명상과
깨달음 명상

다양한
명상 수련법

　세계적인 명상 붐에 따라 너무나 다양한 명상 수련법이 세상에 소개되고 있다. 참선 명상은 크게 보면 두 가지로 나눠진다.

　첫째, 나의 스트레스 해소와 심신의 건강을 위한 치유 명상이다. 요즘 세계적으로 유행하는 MBSR(Mindfulness-Based Stress Reduction), MBCT(Mindfulness-Based Cognitive Therapy) 등이 이런 치유 명상에 속한다. 스트레스 감소와 몸과 마음 건강을 위한 치유 명상은 현대인에게 절실히 필요하다. 이러한 치유 명상 프로그램은 현대인의 눈높이에 맞게 체계화되고 프로그램화되어 대학병원과 심리상담사들에 의해 전파되고 있다. 스트레스와 우울에 시달리는 현대인에게 이러한 치유 명상은 귀중한 선물이다. 알코올이나 약물에 의지하여 스트레스와 우울을 해소하다가 명상을 익혀서 스스로 자기 치유를 통해서 건강을 회복할 수 있으니 이 얼마나 좋은 일인가!

그런데 불교의 근본 중도에서 보면 이러한 치유 명상도 한계가 있다. 어떤 한계인가? 치유 명상은 '내가 있다'는 유아(有我)의 입장에서 나의 몸과 마음의 건강 회복에 목적이 있다. 내가 겪는 스트레스와 초조, 불안, 우울을 명상으로 치유하여 심신의 건강 회복을 하고자 하는 것이다.

하지만, '내가 있다'는 견해가 조금이라도 남아 있는 한 삶의 괴로움을 비롯하여 늙음과 병, 죽음의 괴로움을 근본적으로 해결할 수가 없다. 치유 명상은 스트레스와 우울에 시달리는 분들에게 큰 도움이 되지만, 인간의 근본 문제인 생로병사의 괴로움을 완전히 해결하는 데 한계가 있다. 그래서 치유 명상은 일시적인 행복을 위한 명상이라 하겠다.

둘째, 생사의 괴로움을 근본적으로 해결하는 깨달음 명상이 불교의 간화선과 위빠사나 참선 명상이다. 북방의 대표 수행법인 간화선과 남방의 위빠사나는 화두에 집중하느냐, 호흡에 집중하느냐 하는 방법만 다르지 중도 삼매를 체험하는 원리는 같다. 우리 마음을 화두에 집중하여 일체의 번뇌망상을 없애는 것이 화두선, 간화선이다. 위빠사나도 호흡에 집중하여 번뇌망상을 완전히 비우는 깨달음으로 가는 것이다. 간화선이 좋으니 위빠사나가 좋으니 분별하지 말고, 인연이 되는대로 하나를 정해서 부지런히 생활화하는 것이 최고다.

깨달음 명상은
'내가 있다'는 망상을 비우는 것

간화선과 위빠사나 같은 불교의 깨달음 명상은 스트레스와 우울 등 괴로움을 일으키는 일체의 번뇌망상을 비우고 비워서 청정한 즐거움, 영원한 행복을 누리게 한다. 불교의 깨달음 명상은 '내가 있다'는 근본 망상을 완전히 비울 때까지 멈추지 않고 계속 정진하는 것이다. 그러니 '내가 있다'는 전제에서 나를 건강하고 행복하게 하는 치유 명상과는 차원이 다른 명상이다. 깨달음 명상과 치유 명상은 명상하는 자세나 방법이 비슷하게 보여도 목적은 완전히 다른 것이다. 깨달음 명상은 생로병사의 괴로움을 완전히 없애는 영원한 행복의 길이다.

그러므로 깨달음 명상을 하게 되면 스트레스와 우울을 유발하는 일체의 분별망상을 완전히 없애는 길이니 치유 명상의 효과도 누리면서 죽음의 괴로움마저 영원히 벗어나니 이것이야말로 최고의 명상이라 하겠다.

부처님이 깨치고 우리에게 알려주신 불교의 깨달음 명상은 인류 문명사에서 최고의 선물이다. 알코올이나 약물에도 의존하지 않고 오로지 우리 마음을 바르게 닦아 초조 불안 등 생로병사의 괴로움에서 영원히 벗어나 자유를 누릴 수 있다니 이보다 더 좋은 길이 어디에 있는가?

화두와
간화선이란 무엇인가

2014년 프란치스코 교황이 한국을 방문했다. 그때 언론과 방송은 그 소식을 연일 크게 보도했는데 한 뉴스의 제목이 재미있었다. '교황의 화두, 약자 먼저'였다.

화두라는 말은 불교 선종에서 나왔다. 화두(話頭)란 '말머리' 또는 '말'이란 뜻이다. 말은 말인데 '말 길과 생각의 길이 끊어진 말'이다. '뜰 앞에 잣나무', '이 몸덩이 끌고 다니는 이것이 무엇인가?' 하는 등의 화두는 선사들이 쓰는 말로 번뇌에 휩싸인 중생이

망상을 멈추고 자기를 바로 보라고 하는 말이다.

선문에는 1700가지 화두가 규칙으로 정해져 있다. 이런 선문(禪門)의 화두를 교황이 말했을 리는 없다. 교황이 워낙 약자를 배려하는 모습을 보고 언론사에서 그런 기사 제목을 붙였을 뿐이다.

이처럼 우리는 흔히 정치인들이나 신문, 방송 또는 일상적인 대화에서도 화두라는 말을 자주 접한다. 그러나, 우리가 일상에서 쓰는 화두라는 말은 화두의 본래 뜻을 모르고 쓰는 것이다. 그냥 화제, 이슈, 주목할 과제 등의 뜻으로 화두라는 말을 쓰지만, 화두의 본래 뜻은 그런 것이 전혀 아니다.

서양의 이분법과
중도 불이의 가치

화두란 참선 수행자가 일체 번뇌망상을 비워서 마음을 깨치게 하는 말이다. 우리 인류는 말과 문자를 통해서 타인과 소통하며 사유 분별로 지식과 학문을 발전시켜왔다. 인간은 말과 글자를 통해 자기 생각을 정리하고 과학 기술, 지식을 축적하여 인류 문명을 창조해냈고 지금에 이르렀다.

하지만, 인간이 발전시켜 온 언어 문자와 사유 분별 그리고 과학 기술과 지식 학문은 모두 나와 너, 주관과 객관, 옳고 그름, 있음과 없음, 선과 악 등 이분법의 논리를 벗어나지 못한다. 이것을 철학적으로 이원론(二元論) 또는 이분법(二分法)이라 한다.

인류가 언어 문자로 발전시켜 온 지식과 과학 기술도 이분법의 세계관의 산물이다. 소크라테스로 시작된 철학과 과학 기술 또한 옳고 그름, 주관과 객관 등 세상 만물을 나누어 보는 사유와 논리를 바탕으로 지식을 축적해온 산물이다.

부처님은 이러한 말과 문자를 기반으로 하는 사유 분별의 이분법으로는 생사(生死) 문제를 해결할 수 없고 일체의 이분법을 떠나야 중도(中道)를 깨칠 수 있다고 한다. 부처님은 《초전법륜경》에서 당신이 괴로움과 즐거움의 양극단을 떠나 중도를 깨쳤노라고 중도대선언(中道大宣言)을 하셨다. 부처님은 인류의 가장 근본 문제인 생사의 괴로움을 해결하는 길로 중도를 제시한 것이다. 부처님의 중도 불이(不二)의 세계관, 가치관은 나와 너, 선과 악, 주관과 객관이 서로 다르지 않고 본래 하나라는 지혜를 깨우쳐 준다.

초기 경전인 《숫타니파타》에서는 중도를 '양변에 집착을 떠나고 가운데도 집착하지 않는다'고 표현한다. 여기서 양변이란 '고-락', '선-악', '나-너' 등 대립하는 두 치우친 견해를 말한다. 이 것은 현실세계에서 '좌-우', '빈-부', '갑-을', '남-북' 등 대립하는 어떤 것도 해당한다.

서양 철학의 '신-인간', '물질-정신'등의 이원론, 이분법적인 세계관도 양변이다. 이 양변에 생각이 머물러 집착하고 있으면 지혜가 나올 수 없다. 집착을 놓아야 지혜가 나온다. 아울러 양변 에 집착하지 말라 하니 그 가운데를 중도로 착각하기가 쉬우나 중도는 가운데를 뜻하지 않는다. 쉽게 말해 어디에도 집착하지 않는 마음으로 생각하는 것이 이해하기에 좀 더 쉬울 것이다.

양변에 집착하지 않는
지혜의 길

우리는 '내가 있다'는 착각에 빠져 늘 나와 남을 비교하고 우 월하고 열등하다는 분별심으로 살아가니 단 하루도 편한 날이 없다. 나보다 잘나고 많이 가지고 배운 사람을 만나면 위축되고, 나보다 덜 배우고 가진 것이 부족한 사람을 마주하면 우월의식이 나온다. 이렇게 행복과 불행이 오락가락하는 것이 양변에 집착하는 마음이다. 이렇게 해서는 공존, 평화가 오지 않는다. 내견해와 다른 사람과 늘 시비 갈등하게 되고, 그로 인하여 내 마음안에도 양변에 집착하는 마음이 오락가락해서 늘 초조하고 불안해서 행복할 수가 없다.

오히려 내가 옳다고 생각하는 그 견해를 집착하지 않고 내려놓으면, 상대를 좀 더 객관적으로 볼 수 있고 나와 상대의 마음을 다 이해하는 지혜가 나와서 평화와 행복의 길을 갈 수 있다. 그래서 부처님은 중도가 영원한 자유와 행복의 길이라 하신다.

부처님이 열반에 든 지 1700년이 지난 12세기에 동아시아 중국에서 탄생한 화두 참선법인 간화선은 바로 부처님이 깨달은 중도를 화두로 체험하고 깨달아 실천하는 수행법이다. 우리가 나와 너, 선과 악, 옳고 그름의 양변에 집착하고 사유 분별하는 마음을 화두로 바로 끊어 중도 불이를 깨치게 하는 탁월한 명상법이 바로 간화선이다.

이 책에서 화두 참선법인 간화선에 대해 상세히 설명하기에는 한계가 있다. 화두 명상에 대해 제대로 알기 위해서는 불교 공부에서 자주 쓰이는 개념의 정립이 필요하기 때문이다. 이 책에서는 우선 불교 용어를 처음 접하는 독자들을 위해 중도와 정견에 대한 개념을 간략히 소개하고, 도서에서는 화두 명상에 대한 개념을 천천히 알아 가기로 한다.

있는 그대로 보고
당당하게 살라

세상의 모든 문제는 '있다'와 '없다' 두 견해에 의지한다. 돈이 있다-없다, 직장이 있다-없다, 권력이 있다-없다 등. 이것은 모두 대립하는 양 극단에 치우친 견해, 변견(邊見)이다. 이 양변에 집착하여 분별심을 일으키면 있는 사람은 우월의식으로 갑이 되어 없는 을을 천대하고 괄시한다. 또 없는 사람은 없다는 열등의식으로 있는 사람 앞에 위축되고 부러워하게 된다. 이렇게 되면 양변에 집착하여 분별심에 끌리며 살아가니 행복할 수가 없다. 있는 사람도 영원히 가진 것이 아니요, 없는 사람도 영원히 없는 것이 아니니 '있다-없다'의 양변에 집착을 버리고 있는 그대로 보고 당당하게 살아갈 때 자유와 행복이 온다. 이것을 정견이라 한다.

정견은 바로 중도의 마음으로 나와 세상을 보는 것을 말한다. 정견이 서야 세상을 바른 안목으로 보아 지혜롭고 평화롭게 살아갈 수 있다. 참선도 중도 정견 없이 하면 나침반 없이 망망대해를 건너려는 것과 같다.

화두의 효능

현대인에겐 복잡하고 다양한 지식 정보와 인간관계에서 만연한 스트레스와 짜증, 화, 우울 등 괴로움이 일어난다. 자본주의 시장 경제 질서는 경쟁 본위로, 약육강식의 치열한 적자생존의 사회이다. 경쟁에서 밀려나면 살아남기 어려운 세상이니 인간은 태어나서 학교생활에서부터 치열하게 경쟁해야 한다. 학업을 마치고 사회생활을 할 때에도 경쟁해야 하고, 결혼도 그렇고 삶 자체가 경쟁을 본위로 하는 괴로움의 바다이다.

현대인들은 삶 자체가 나와 남을 나누어 치열하게 경쟁하는 세상에서 살고 있으니 일상생활에서 괴로움을 느낄 수밖에 없다. 부처님의 '삶은 고해(苦海)'라는 말씀이 참으로 실감나는 시대이다.

　이렇게 괴로움을 느낄 때, 스트레스와 짜증, 화가 날 때, 막막하고 어둡고 우울을 느낄 때 화두를 하는 것이 좋다. 화두는 일체의 분별망상을 차단하여 바로 본래 마음을 체험케 한다. 스트레스와 초조 불안한 마음은 '나'라고 할 것이 본래 없는데 '내가 있다'는 착각과 분별심에서 일어난다. 내가 '있다-없다' 하는 분별심을 비우고 그 자리에 화두를 챙기면 마음이 바로 본래 자리로 돌아가서 편안해지고 밝아진다. 이것이 화두 공부하는 법이다.

　화두는 일상생활에서 언제 어디서나 할 수 있다. 출퇴근할 때, 걸어갈 때, 버스나 지하철에서도 화장실에서도 할 수 있고 걷거나 운동할 때에도 화두를 챙길 수가 있다. 반드시 좌선할 때만 화두 참선할 수 있는 것이 아니다.

　앉아 있을 때나 움직일 때나, 갈 때나 올 때나, 잠잘 때나 잠에서 깨어날 때에도 걱정에 마음을 두기보다는 화두 챙기는 습관을 들이면 좋다. 특히 현대인들은 근심 걱정 때문에 초조 불안에 살고 있다. 근심 걱정을 내려놓고 그 자리에 화두를 챙기면 금세 마음이 편안하고 밝아진다.

　불면증에도 화두가 좋다. 흔히 스트레스와 근심 걱정이 많을 때 잠이 잘 오지 않고 자더라도 깊은 잠을 자기 어렵다. 이럴 때 화두를 배워서 근심 걱정을 내려놓고 화두를 챙기면 잠자기가 좋고, 또 깊은 잠을 잘 수가 있다. 그러면 면역력도 좋아져 감기나 웬만한 질병을 예방할 수도 있다.

흔히 불자들이 화두 참선이 좋다는 말을 듣고 책이나 유튜브를 보고 화두 참선을 시작하는 경우가 많다. 그렇게 해서는 화두 공부가 잘 되기 어렵다. 성철 스님은 '화두 참선하려면 사상 정립을 하고 해야 한다' 하셨고, 고우 스님은 '중도 정견을 세우고 화두 참선해야 한다'고 늘 강조하셨다. 즉 사상을 제대로 정립하지 않고, 잘못된 화두를 세우게 되면 깨달음으로 향한 여정의 첫 단추를 잘못 꿰는 셈이다.

화두 참선은 생사 해탈로 가는 지름길이니 반드시 중도 정견을 세우고 화두 참선하는 법을 바르게 알고 공부해야 한다. 화두 참선을 하고 싶은 사람이라면 반드시 바른 선지식을 만나 부처님이 깨친 중도에 정견을 세우고 화두 공부를 시작해야 할 것이다.

명상에
왜 화두가 필요할까

참선 명상은 고달픈 현대인들에게 위안을 준다. 참선 명상에는 그런 치유의 힘이 있다. 이것은 오직 체험해야만 알 수 있다. 세계적인 명상 붐으로 다양한 명상법 중에서 가장 빠르고 깊은 효과를 체험할 수 있는 화두 참선에 대한 관심이 높아지고 있다.

그런데 참선에 관심을 가지고 이런저런 관련 책이나 유튜브 영상을 살펴보면 크게 두 가지 흐름이 있는 것을 알게 된다. 하나는 조계종 스님들을 중심으로 화두 참선법을 일관되게 알려주는 것이다. 다른 하나는 재가 법사나 일부 스님들이 화두 없이 참선을 이야기하는 것이다.

같은 불교와 참선을 말하면서도 어떤 사람은 화두 참선이 가장 빠른 깨달음의 길이라 강조하고, 또 어떤 사람은 왜 화두 참선도 필요 없는 참선을 말할까?

어째서
본래 부처라 하는가?

선종의 종전(宗典)인 《육조단경》에서 혜능 대사는 이렇게 말한다.

"선지식아! 보리반야의 지혜는 사람들이 본래 스스로 있는 것이다. 다만 마음이 미혹하기 때문에 스스로 깨치지 못하는 것이다."

육조 혜능 대사는 우리에게 부처의 지혜가 본래 갖춰져 있는데, 단지 미혹하여 깨닫지 못한다고 말한다. 부처님도 일체 중생에게 부처의 성품이 있다고 하였듯이 선종에서도 우리에게 부처의 지혜가 본래 갖춰져 있다고 한다. 일체 중생이 본래 부처이고 부처의 지혜를 다 갖추고 있기 때문에 본래 부처인 것이다.

그런데 왜 나는 부처님과 같은 지혜가 나오지 않는 것일까? 우리가 본래 부처인 줄 모르고 중생이라는 착각에 빠져 분별망상 속에 살기 때문이다. '나'라고 할 것이 본래 없는데 '내가 있다'는 착각에 빠져 삶과 죽음의 분별망념을 일으키고 살아간다. 분별망상이 오락가락하니 본래 마음의 지혜가 가로막혀 나지 못하는 것이다.

비유하자면, 밝은 해가 먹구름에 가로막히면 빛이 나오지 못하다가 걷히면 저절로 드러나는 이치와 같다. 우리가 부처님의 지혜를 본래 다 가지고 있는데, 내가 중생이라는 착각망상을 일으키니 본래 마음이 드러나지 못하고 있는 것이다.

불자들이 참선에 대하여 가지는 가장 많은 오해 중 하나가 '본래 부처인데 왜 수행이 필요하느냐?'이다. 실제 동아시아 선종의 한 문파인 일본 조동종(曹洞宗) 선사들은 우리가 본래 부처이니 1분 앉으면 1분 부처, 5분 앉으면 5분 부처가 된다고 가르친다. 그냥 묵묵히 앉아서 자기 마음에 번뇌망상만 비우면 그대로 부처라는 것이다. 이렇게 쉽게 부처가 된다 하니 대중의 호응이 좋다. 지금도 일본 불교계에는 선종 문파 중 간화선맥의 임제종보다 조동종 선풍이 더 강하다고 한다. 그만큼 일본 불자들의 관심과 참여가 높기 때문일 것이다.

본래 부처이니 깨달음도 수행도 필요 없이 그냥 쉬기만 하면 된다는 이런 견해는 우리나라에서 참선을 말하는 분들에게도 보인다. 유튜브를 보면 참선 수행자라면서 이런 견해를 가진 분들의 법문을 쉽게 볼 수 있다. 참선의 대중화라는 면에서 이런 활동은 찬사를 받을 일이다. 그 어렵다는 참선을 일반 대중으로 쉽게 접하고 발심의 인연을 짓게 하니 좋은 일이다. 그러나 본래 부처이니 깨달음도, 수행도 할 것이 없다는 견해는 부처님이 무아(無我)를 말씀하셨으니 윤회도 없고 깨달음도 없다는 말과 같이 혼돈을 가중시키는 말이다.

과연 본래 부처이니 수행도 깨달음도 필요 없는 것일까? 본래 부처이니 깨달음도 필요 없다는 말이 불교의 정견(正見)이 되려면, 우리가 본래 부처이니 초조 불안하고 화내고 욕망대로 도둑질하고 살상을 범해도 그대로 부처라는 말이 된다. 이것은 불교의 가르침에 부합하지 않는다.

부처님께서는 《화엄경》 '여래출현품'에서 이렇게 말씀하셨다.

"깨치고 보니 일체 중생이 여래와 같은 지혜와 덕상을 갖추고 있건만 분별망상 때문에 알지 못하고 있구나!"

부처님도 깨치기 전에는 스스로 중생이란 분별망상에 가로막혀서 자기 안의 지혜와 능력을 알지 못하다가 깨치고 보니 본래 지혜와 덕이 갖춰져 있더라 하는 말씀이다. 이와 같이 부처님 말씀을 근거하여 볼 때 우리 중생도 본래 부처와 같은 지혜와 능력이 갖춰져 있지만, 분별망상에 가로막혀 그 지혜와 능력을 발휘하지 못하고 있다는 것이다. 그리하여 부처님께서는 우리에게 분별망상을 완전히 없애는 깨달음에 대하여 헤아릴 수 없이 많은 말씀을 하셨다. 팔만대장경은 모두 번뇌망상을 비우고 깨치라고 하신 말씀이다.

선종의 육조 혜능 대사도 부처님과 같은 말씀을 하신다. 부처의 지혜는 사람들에게 본래 스스로 있으나 마음이 미혹하여 깨치지 못하고 있다고 하시며 혜능 대사는 이렇게 말한다.

"모름지기 큰 선지식의 지도를 받아 성품을 보라. 깨달음을 만나면 지혜를 이루리라."

우리에게 반야지혜가 본래 갖춰져 있지만 분별심에 가려져 알지 못하니 바른 선지식의 가르침을 받아 자기 마음을 깨달아 지혜를 밝히라는 말씀이다.

부처님과 혜능 대사의 법문과 같이 우리가 본래 부처라 할지라도 스스로 중생이라는 착각에 빠져 분별망상에 가로막혀 자기 마음이 그대로 부처라는 것을 알지 못하고 살아간다. 우리가 생사, 괴로움의 바다를 건너려면 내 안의 분별망상을 완전히 비우는 수행과 깨달음이 필요하다. 이와 같이 수행 정진을 통해 내 안의 지혜가 완전히 드러나는 것이다.

화두란
나쁜 지식과 망상을 꺾는 무기

화두 참선을 한다고 하면 가끔 이런 말을 접한다. '본래 부처인데 왜 그 어려운 화두 참선을 합니까? 그냥 여여하게 본래 부처로 살아요.'

화두 참선 없이 깨달음도 없이 본래 부처로 살 수 있다면 얼마나 좋을까? 그러나 현실은 냉혹하다. 하루 한 끼라도 먹어야 산다. 우리가 본래 부처이나 '내가 있다', '내가 중생'이라는 착각에서 완전히 깨어나야 한다. 본래 부처이니 중생심 그대로 부처다, 지혜다 아무리 주장한들 생사 윤회의 괴로움을 피할 길이 없다.

생사의 분별심, 중생이라는 착각망상에서 완전히 깨어나야 부처라는 대자유를 누릴 수 있다. 생사의 분별망상을 완전히 비우려면 비울 때까지 수행해야 한다. 분별망상을 없애는 데 화두는 특별한 효능이 있다. 간화선을 창안한 대혜 선사는 '무(無)'자 화두에 대하여 이렇게 말한다.

"이 한 글자는 허다한 나쁜 지식과 생각을 꺾는 무기입니다."

화두는 우리 마음에서 일체의 분별망상을 없애고 바로 본래 지혜를 밝히는 탁월한 참선법이다. 우리가 이대로 본래 부처이나 자기 안의 번뇌의 불을 완전히 꺼야 부처다. 아무리 본래 부처라 하더라도 자기 안의 중생이라는 착각 속에서 나와 너, 선과 악, 옳고 그름 등 분별망상이 그대로 있다면 부처의 지혜와 능력이 나올 수가 없다. 화두는 내 안의 허다한 나쁜 지식과 망상을 꺾는 가장 빛나는 지혜다. 화두는 내 안에 일체의 번뇌망상을 비우고 본래 부처의 지혜를 밝히는 가장 빠른 공부 방법이다. 화두는 중생이란 착각에서 깨어나 본래 부처로 돌아가는 가장 간단명료한 수행법이다. 일체 망상을 하나의 화두로 비우고 그 화두마저 타파하면 부처의 지혜를 단박에 완성하기 때문이다.

고요한 경계를
조심하라

　현대인의 큰 괴로움 중 하나가 시끄러움, 소음이다. 우리 국민 대부분이 도시에 산다. 도시의 미세 먼지와 함께 가장 고통스러운 것이 시끄러움일 것이다. 특히 아파트나 공동 주택의 층간 소음은 심각한 사회 문제다. 시끄러운 소음에 시달리는 도시의 현대인들에겐 한적한 전원생활이나 자연 속의 캠핑 또는 산사에서의 템플스테이 같은 것이 로망이다.

　우리는 흔히 고요한 곳을 '절간 같다'고 말한다. 그만큼 절은 조용한 곳이라는 인식이 강하다. 현대인들이 시끄럽고 번잡한 도시 생활을 하면서도 산이나 산사에 가는 것을 좋아하는 것은 스트레스와 소음에서 벗어나 치유를 체험하고 싶기 때문이다.

동서양을 막론하고 현대 사회에서 명상이 유행하는 것도 이러한 시끄럽고 복잡한 세상에서 내면의 고요와 평화를 누리고자 함이다. 불교의 참선 명상도 고요함을 상징한다. 누구나 절의 선방에서 잡념을 비우고 고요함을 누리고 싶어 한다.

고요함은
명상의 핵심이 아니다

참선 명상을 하면 누구나 고요함을 추구한다고 생각하기 쉽다. 실제 세상에서 참선 명상을 지도하는 분들이 고요함이 명상의 핵심인 것처럼 말하는 것을 자주 접한다.

남방 위빠사나 명상법을 안내하는 분들은 눈을 감아 밖으로 향하는 시선을 차단하고 의식을 호흡에 집중하여 번뇌망상이 일어나지 않게 명상하도록 지도한다. 눈을 감고 명상을 하면 일단 시선이 차단되어 내면에 집중할 수 있다. 또 마음에 번뇌망상을 일어나지 않게 하기 위해 들숨, 날숨 호흡에 집중하면 마음이 고요해진다.

호흡 집중 명상을 배운 어느 불자는 집에서 매일 30분씩 명상을 하고 있는데 소음이 자꾸 들려서 집중이 안 된다고 하소연한다. 집 밖의 자동차 경적이나 도시의 소음들, 그리고 윗집의 화장실 물내리는 소리, 강아지가 짖는 소리가 유달리 크게 들려서 집중을 방해한다는 것이다. 누구나 이런 경험이 있을 것이다. 평소 생활할 때는 그런 소음들이 그렇게까지 거슬리지 않았는데, 명상하려고 마음을 호흡에 집중하기만 하면 소음이 더 크게 들리어 집중을 방해한다는 것이다. 그래서 집에서 혼자 명상하는 것이 쉽지 않다고 절이나 명상센터에 가서 해야겠다고 말한다.

또 어느 불자는 도시의 한 명상센터에서 명상을 배웠는데, 그 명상센터는 명상할 때 햇빛을 완전 차단하는 커튼을 치고 실내 조명을 다 끄고 촛불만 켜서 어두운 분위기에서 호흡에 집중하는 명상을 안내하였다고 한다. 이렇게 캄캄한 명상실에서 30분이나 한 시간 정도 명상을 하면 마음이 저절로 고요해지고 근심 걱정이 사라져 힐링이 된다고 한다.

그런데 그렇게 조용하고 어두운 명상실에서 명상을 잘 하고 명상센터를 나서면 바로 도시의 소음이 더 크게 들렸다고 한다. 더군다나 정갈하고 고요한 명상센터에 있다가 집에 가면 가족이 보는 시끄러운 TV 소리에 설거지 거리와 빨래 거리가 잔뜩 쌓여 있으니 스트레스와 짜증이 더 나는 것을 느낀다고 하소연한다. 그래서 시끄럽고 번잡한 집이나 직장생활에서도 늘 고요한 절이나 명상센터가 그리워져 빨리 참선 명상하러 가고 싶다는 마음이 더 간절해진다고 말한다.

이러한 자세는 바람직한 것일까? 참선 명상을 하고 싶고 선원이나 명상센터를 가고 싶은 것은 좋은 일이지만, 가정이나 직장생활을 소홀히 한다면 이것은 편향된 것이다. 왜 그럴까?

고요함만을 가르친
잘못된 참선 명상

사실 이렇게 고요함만을 공부로 생각하는 참선 명상 전통은 옛날에도 있었다. 조사선 전통에는 화두 참선법이 중심이지만, 묵조선이라는 참선도 있다. 지금 우리나라와 중국에는 거의 보이지 않으나 특이하게도 일본 선종에는 이를 실천하는 분들이 많다.

묵조선은 말 그대로 묵묵히 앉아서 자기 마음을 보는 좌선 수행이다. 시끄럽고 번잡한 일상은 상관하지 말고 오직 좌선을 강조한다. 묵조선에서는 우리가 이대로 본래 부처이기 때문에 고요히 좌선하면서 번뇌망상을 비우면 그대로 부처라는 것이다. 그래서 1분 앉으면 1분 부처, 1시간 앉으면 1시간 부처라고 한다.

묵조선같이 참선 명상하는 이들에게는 깨달음이 없다. 이미 깨달아 있다고 보고 고요히 앉으면 그대로 부처라는 것이다. 그래서 지금도 일본 참선 지도자들은 이렇게 참선을 안내한다. 이와 같은 묵조선 계통의 견해는 간화선이 정립된 당시에도 있었던 모양이다. 화두 참선법을 제창한 대혜 선사는 화두를 의심하지 않고 묵묵히 앉아만 있는 참선 수행자들을 '묵조사배(默照邪輩)'라 하며 묵조의 삿된 무리라 비판하였다.

간화선을 제창한 대혜 선사가 고요함만을 닦는 수행자에게 바른 참선을 안내하는《서장》에 이런 대목이 있다.

"고요한 공부를 한 지 여러 해가 되었으나 눈을 뜬 가운데 마음이 만약 편안하고 한가하지 않다면, 고요한 공부가 제대로 되지 못한 것입니다."

이 편지는 묵조 공부를 한 지 20년이 되는 한 재가 수행자에게 바른 참선을 일깨우는 대혜 선사의 글이다. 만약 고요한 곳에서 참선 명상을 해서 공부 힘을 얻은 수행자라면 시끄럽고 번다한 곳에 가더라도 한결같아야 한다. 그런데 고요한 곳은 좋아하고 공부할 곳이라 여기면서도 시끄럽고 번거로운 집이나 직장은 공부할 곳이 아니라 여긴다면 이것이 어찌 바른 마음 공부라 하겠는가?

그러므로 생사의 괴로움에서 영원한 행복으로 가려는 수행자라면 중도 공부를 해야 한다. 고요함과 시끄러움에 상관없이 참선 명상할 수 있어야 한다. 시끄러움과 고요함이라는 양변에 집착하거나 머물지 말고 바로 공부하는 방법이 바로 화두 참선이다. 대혜 선사는 "홀연히 무자(화두)를 뚫으면 바야흐로 고요함과 시끄러움의 둘이 서로 방해되지 않는다"라고 이야기한다.

화두 참선은 이와 같이 간단하다. 시끄럽고 조용한 장소, 집이나 선방, 명상실, 거리, 지하철 등 언제 어디에서나 오직 화두 하나에 집중하면 바로 마음이 중도가 된다. 이렇게 화두 삼매가 체험되면 될수록 마음이 중도가 되어 시끄럽고 고요함에 상관없는 평상심이 계발되는 것이다. 이렇게 중도 정견으로 공부하는 수행자는 시끄럽고 복잡하고 혼란스러운 세상에서도 항시 밝은 지혜로 살아갈 수 있다. 이것이 부처님의 중도 정견이고 지혜다.

눈을 뜨고 하는
화두 명상

명상 하면 흔히 눈을 감고 고요한 곳에서 하는 것으로 아는 분들이 많다. 남방불교 승가의 위빠사나 명상법에서는 대체로 눈을 감고 호흡에 집중하라 한다. 반면에 북방불교의 화두 명상(간화선)에서는 반드시 눈을 뜨고 하라 한다. 이 때문에 명상을 처음 배우는 분들이 혼란스러워하는 경우가 있다. 왜 화두 명상에서는 반드시 눈을 뜨고 하라 할까? 이것은 단순한 것 같지만, 사실 깊은 뜻이 숨어 있다.

왜 명상은
눈을 감고 한다고 생각하는가?

부처님이 보리수 아래에서 명상에 들어 깨달음을 성취할 때 '새벽별을 보고 깨쳤다'는 경전 기록이 있다. 이로 보아 부처님도 명상할 때 눈을 뜨고 한 것으로 보인다.

그런데 불교 명상을 하는 이들 중에 눈을 감고 명상하는 분들이 적지 않다. 불교 명상이 아닌 일반 명상도 눈을 감고 하는 것으로 아는 분들이 많다. 눈을 감고 마음을 고요히 하는 것이 명상이라 하니 바깥 세계를 보는 눈을 감으면 시각이 차단되어 명상이 더 잘 되는 느낌이 드는 것이 사실이다.

특히 명상에 처음 입문할 때는 더 그렇다. 명상을 처음 하는 이들은 호흡이나 앉는 자세, 손 모양, 시선 등이 다 어색한데 일단 눈을 감아버리면 밖으로 향하는 시각이 차단되어 마음을 고요히 하기가 좋다.

눈 감는 명상의
장단점

_____

동아시아 불교 승가의 전통 명상법인 간화선, 화두 명상은 눈을 뜨고 하라 한다. 눈을 감으면 명상이 더 잘 되는데 어째서 눈을 뜨고 하라 할까? 이것은 그냥 보면 단순한 문제 같지만, 사실은 불교의 본질이 드러나 있는 참으로 중요한 것이다.

일반 치유 명상에서는 '내가 있다'고 보고 내 심신의 치유와 건강을 위해 명상을 한다. 이 치유 명상은 나의 스트레스와 피로, 괴로움을 해소하여 마음의 평안을 얻기 위해 명상한다. 그러니 일반 명상은 짜증나고 복잡한 현실에서 나를 차단하여 고요한 내면의 평안에 들어가도록 한다. 고요한 명상 공간에서 눈을 감고 호흡에 집중하여 고요함을 느끼면 명상이 잘 되는 것이다.

이와 같이 시끄럽고 복잡하여 스트레스를 유발하는 현실에서 나를 분리시켜 고요한 명상 공간에서 눈을 감고 내면의 고요를 체험케 하는 치유 명상도 좋다. 효과가 있다. 스트레스와 초조 불안을 유발하는 환경에서 나를 격리시키고 차단하면 명상하기가 좋고 내면의 고요를 체험하여 치유되기가 쉽다.

이런 이유로 여행이나 맛집 기행과 더불어 고요한 절이나 명상센터를 찾아서 명상하는 사람들이 늘어나고 있다. 스트레스를 느끼는 직장이나 집, 그리고 사회 관계를 훌쩍 떠나 고요하고 평화로운 곳에 가는 것만으로도 힐링이 되고 명상 효과를 느낄 수 있다.

　그러나 생활 현실을 떠나 눈을 감고 하는 명상을 해서 마음의 고요와 평안을 얻은 사람이 일상생활로 돌아왔을 때 그 고요와 평안이 얼마나 지속될 수 있을까? 조용하고 편안한 곳에서 눈을 감고 명상을 해서 마음을 고요히 한 사람도 치열한 경쟁과 약육강식의 사회 현실로 돌아왔을 때 마음의 평정심을 유지하기가 쉽지 않다. 오히려 복잡한 현실과 고요한 명상 사이에 마음이 오락가락하며 혼란이 더할 수 있다. 이것이 삶의 현실을 떠나 조용한 곳에서 눈을 감고 하는 명상의 한계이다. 지금 세상에 유행하는 일반적인 치유 명상이 좋은 것이긴 하지만, 한계가 여기에 있다.

화두 명상,
눈을 뜨고 하는 이유

반면에 불교의 깨달음 명상인 화두 참선은 다르다. 부처님은 중도를 깨달아 삶과 죽음에서 자유자재한 영원한 행복을 누리셨다. 마찬가지로 동아시아에서 출현한 화두 명상인 간화선도 부처님이 깨달은 중도를 깨치는 명상이다.

중도를 닦는 깨달음 명상은 내가 있다-없다, 나와 너, 고요함과 또렷함이라는 양변에 머물거나 집착하면 편향이 되어 바른 명상이 되지 못한다. 중도를 깨치는 화두 명상은 우리 마음을 화두에 집중하여 또렷또렷하게 만들어 나가면 잡념망상이 일어나지 않아 저절로 고요해진다. 우리 마음에서 화두가 또렷하면서도 고요하게 지속되면 삼매가 되어 중도의 마음을 체험하게 된다. 화두 삼매를 통해서 중도가 체험이 되면 우리 마음이 부처님 마음이 되어 가는 것이다. 그러면 화두 명상이 잘 될수록 마음이 또렷해지면서도 고요해지는 삼매가 되어 마음이 밝아지고 편안해진다. 이것이 화두 명상인 간화선의 원리이다.

명상은
동중(動中) 공부다

화두 명상에서는 일상생활과 수행을 둘로 보지 않는다. 일상 생활이 그대로 수행이고, 수행이 일상생활과 둘이 아니다. 화두 명상을 할 때에도 일상생활 가운데 얼마든지 할 수가 있다. 가고 오고 앉고 눕고 말하고 침묵하고 움직이거나 고요하거나 상관없이 언제 어디서나 화두 명상을 할 수가 있다. 예를 들어 좌선 명상이 된다면 걸어가면서도 명상을 할 수 있고, 버스나 지하철, 심지어는 운전하면서도 명상을 할 수가 있다. 화장실이나 설거지, 청소할 때는 말할 것도 없다. 이것을 움직이면서 하는 공부라 하여 동중(動中) 공부라 한다.

이와 같이 일상생활 가운데 언제 어디서나 할 수 있는 화두 명상은 생활 수행법이다. 화두 명상은 생활 수행이기 때문에 하면 할수록 일상생활에서 마음이 밝아지고 편안해진다.

화두 명상이 생활 수행인 까닭에 명상할 때에는 눈을 감지 말고 뜨고 하라 하는 것이다. 눈을 감고 명상을 하면 일시적인 효과를 느낄 수 있지만, 일상생활과는 차단이 되어 양변에 떨어져 명상과 일상생활이 분리되어 버린다. 그러면 명상과 일상생활이 하나가 되지 못하고 벌어져 바른 공부를 해 나가기가 어렵다.

생활과 명상 수행을
하나로

간화선에서 눈을 뜨고 명상하라 함은 명상의 힘으로 일상생활을 밝게 하라는 뜻이다. 명상 초보자에게는 눈을 뜨고 하는 명상이 어렵지만, 자꾸 노력하다 보면 익숙해진다. 평상시 생활할 때 눈을 뜨고 일상생활을 하듯이 명상 수행도 그렇게 해야 한다.

다만, 초보자는 조용한 절이나 명상센터에서 명상을 배우는 것이 좋다. 그렇게 하여 명상 자세와 습관이 어느 정도 잡히면 집이나 직장에서도, 버스나 지하철 안에서도 할 수 있어야 한다.

조용한 절이나 명상센터에서 익힌 참선 명상을 일상생활 가운데 언제 어디서나 할 수 있어야 바른 명상법이다. 만약 조용한 곳에서는 명상이 잘 되는데 시끄럽고 복잡한 곳에서는 명상이 안 된다 하면 고요함에 집착하는 잘못된 명상을 하고 있는 것이다. 그런 명상은 아직 정견과 깨달음 명상에 대한 원리를 이해하지 못한 것이다.

　부처님이 깨달은 중도를 공부하여 정견을 세우고 화두나 호흡에 집중하는 명상을 하는 사람은 눈을 평상시처럼 뜨고 하는 것이 좋다. 중도 정견을 세운 명상 수행자는 시끄럽거나 조용하거나 움직이거나 머물거나 관계없이 호흡이나 화두에 마음을 집중하면 바로 잡념이 사라지고 고요해진다.

　이렇게 화두나 호흡에 집중하는 명상을 생활화한다면 조용한 곳에서도 마음이 또렷하게 깨어 있고, 시끄러운 일상생활 현장에 가서도 마음이 고요한 경지를 체험할 수 있다. 참선 명상하는 이가 장소에 상관없이 명상이 된다면 공부의 힘을 얻은 것이다. 이렇게 중도 정견으로 눈을 뜨고 명상 수행하는 사람은 명상하는 힘이 일상생활을 밝고 지혜롭게 만든다.

　명나라 시대에 활약한 박산무이 선사는 《참선경어》에서 고요한 경계에 빠져 명상하는 이를 이렇게 경책한다.

　"참선할 때 가장 경계해야 할 사항은 고요한 경계에 빠져들어 사람을 말라죽은 듯한 적막 속에 갇히게 하는 태도이다. 자기도 모르는 사이에 사람들은 번거로운 곳을 싫어하고 고요한 곳에서는 대부분 염증을 느끼지 않는다. (중략) 이런 사람은 권태가 오래되면 잠자기를 좋아할 것이니, 자기가 이런 병통에 빠져 있다는 사실을 어떻게 알아차릴 수 있겠는가.”

집이나 직장에서
참선 명상하는 법

우리는 앞에서 참선 명상은 내 안의 평화와 지혜를 밝히는 길임을 살펴보았다. 그런데, 참선 명상을 잘못하면 고요함을 좋아하고 시끄러움을 싫어하는 양변에 떨어져 마음의 평화를 이루기가 어렵다. 그래서 바른 가치관인 정견을 세우고 참선 명상을 해야 한다.

참선 명상을 업으로 하는 출가 수행자라면 수행과 전법이 본분이니 참으로 큰 복이 아닐 수 없다. 하지만, 생업에 종사하며 참선 명상을 하는 재가 생활인이라면 다르다. 재가 생활인은 자신과 가족의 생계가 우선이고 본분이다. 자기 본분을 잊거나 져버리는 수행자는 잘못된 업을 지어서 바르고 원만한 깨달음으로 갈 수가 없다. 그러므로 재가 생활인은 무엇보다 본분인 생업에 충실해야 한다. 생업에 충실해서 자신과 가족의 생계를 잘 이어야 의식주가 안정이 되고 마음의 여유를 가지고 수행도 할 수 있는 것이다.

물론 현대 생활인들은 생업에 충실하며 돈을 벌어 좋은 집과 차, 명품 등 물질에 집착하여 평생을 그렇게 사는 사람이 많다. 이렇게 열심히 살아 물질적인 풍요를 누리더라도 결국 늙음과 병과 죽음의 괴로움을 피할 수는 없다.

반대로 재가 수행자가 참선 명상을 배우니 너무 좋다면서 가정과 직장의 생업을 소홀히 하고 절이나 명상센터에서 살다시피 하는 것도 문제다. 불교에 정견을 세운 수행자라면 참선 명상은 절과 집 어디에서나 할 수 있어야 한다.

절이나 명상센터에서 하는 참선 명상만을 바른 수행이라 보고 집이나 직장에서는 참선 명상을 하기 어렵다는 생각은 양변에 떨어진 잘못된 견해다. 우리는 앞에서 참선 명상은 고요한 곳이나 시끄러운 곳에 관계없이 잘 할 수 있어야 바른 공부라는 것을 알아보았다. 마찬가지로 고요한 절이나 명상센터에서 참선 명상을 배우고 익혀서 집이나 직장에서도 참선 명상이 생활화되어야 바른 공부이다. 절(명상센터)과 집(직장)을 분별하고 고요함과 시끄러움의 양변에서 참선 명상을 하게 되면 바른 공부로 나아가기 어렵고, 마음에서 분별망상을 비워 평화를 누릴 수가 없다.

바른 마음이 도량이다

석가모니 부처님 당시에 깨달은 재가자로 존경 받은 유마 거사와 한 동자가 길에서 만나 문답한 기록이 《유마경》에 나온다.

'거사님, 어디에서 오십니까?'
'나는 도량(道場)으로부터 옵니다.'
'도량이란 어디입니까?'
'곧은 마음[直心]이 도량이니 헛되거나 거짓됨이 없기 때문입니

《유마경》의 법문처럼 수행 도량은 절이나 선원, 명상센터와 같은 공간에 한정되는 것이 아니다. 불교에서 도량이란 물리적인 공간이 아니라 마음을 말한다. 즉 깨달음 수행인 참선 명상의 도량은 바로 우리 마음이다. 마음도 분별망상하는 마음이 아니라 '곧은 마음(直心)'을 도량이라 한다.

우리가 '나'라고 할 것이 본래 없는데 '내가 있다'는 착각에 빠져 나와 너, 내 편과 네 편, 선과 악을 나누어 분별망상을 일으키면 생사의 괴로움에서 벗어날 수가 없다. 하지만, '나'라고 할 것이 본래 없다는 정견으로 나와 너, 선과 악이 둘이 아니라는 중도의 바른 마음을 닦아 영원한 행복으로 가는 것이 그대로 도량이다.

이와 같이 불교의 도량에 대한 바른 뜻을 마음에 새기고 참선 명상하는 이라면 절과 집, 명상센터나 직장, 지하철, 버스, 출퇴근하는 길거리 등등이 모두 공부 도량이다. 그러니 재가 생활인은 절이나 명상센터에서 참선 명상 수행을 배워서 절과 명상센터에 한정하지 말고 집이나 회사, 거리 등 생활 현장 어느 곳이

든 공부하는 도량이라는 정견을 확고히 해야 한다.

재가 수행자를 위한
법문

———————

선종의 대선지식 육조 혜능 대사는 《육조단경》에서 이렇게 법문한다.

"선지식아, 만약 수행하려면 재가에서도 가능하니, 절에서만 하는 것이 아니다. 절에 있더라도 닦지 않으면 서방에 있는 마음 나쁜 사람과 같고, 재가에서라도 수행하면 동방 사람이 착함을 닦는 것과 같다. 오직 원하건대 자기 스스로 청정함을 닦아라. 이것이 바로 서방 극락이다."

– 〈고우 스님 강설 육조단경〉 '수행'

혜능 대사도 수행은 재가에서도 가능하며, 절에서만 하는 것이 아니라 한다. 출가해서 절에 있거나 재가자가 절에 가 있더라도 마음을 닦지 않으면 마음이 나쁜 이와 같다고 한다. 반대로 비록 재가에서 마음을 닦으면 사바세계에서 착함을 닦는 것이다. 혜능 대사의 법문에서도 수행이 집이냐 절이냐의 공간 문제가 아니라 마음 닦는 것이 근본임을 알 수 있다.

그러므로 혜능 대사도 유마 거사와 마찬가지로 수행과 도량을 절이라는 공간 개념으로 보지 않고 우리 마음에서 번뇌망상을 비우는 청정함을 닦는 것이라 한다. 절이냐 집이냐라는 수행 장소의 문제가 아니라 어디서나 자기 마음을 바로 보고 분별망상을 비우는 청정함을 닦는 사람이 수행자인 것이다.

직장이나 집에서
참선 명상하는 법

이제 불교의 근본 중도를 바르게 공부하여 정견을 세운 참선 명상 수행자라면 수행이 절이나 집이라는 분별을 떠나 언제 어디서나 하는 것임을 알 것이다. 특히 팬데믹 시대를 거치며 온라인 공부도 활발해지고 있다. 비록 절이나 명상센터 그리고 온라인을 통해서 참선 명상을 배우더라도 명상은 집이나 직장, 출퇴근하는 거리나 버스, 지하철 안에서도 할 수가 있다.

처음에 참선 명상 이론과 방법을 배운 재가 생활인들은 가정에서나 직장을 구분하지 말고 매일 정해놓은 시간에 5분 이상 규칙적으로 명상하는 것이 좋다. 매일매일 정해 놓은 시간에 규칙적으로 하면서 출퇴근하는 길이나 지하철, 버스 또는 운동할 때에도 참선 명상을 생활 속에서 지속적으로 해나가면 잡념과 스트레스가 줄고 마음이 점점 밝아지는 것을 느낄 수 있다.

이렇게 참선 명상이 생활화되면 초조 불안한 생각, 어둡고 우울한 생각, 부정적이고 짜증나는 생각을 알아차릴 수 있고 그런 번뇌망상을 흘러가게 내버려두고 화두나 호흡에 마음을 집중하면 선정의 힘이 늘어나게 된다. 일상생활에서 화두나 호흡에 집중하는 참선 명상이 생활화되어 선정 삼매의 힘이 강해지면 마음이 고요해지면서도 맑고 깨끗해져 불현듯 지혜가 나와 앞이 캄캄하던 어려운 문제도 척척 해결하는 능력이 계발된다.

물론 직장이나 집에서 참선 명상한다고 가사나 업무를 소홀히 하라는 말이 아니다. 집에서 청소하고 밥하고 설거지하고 빨래하며 아이 키우는 일을 등한시하면서 참선 명상하는 것도 양변이다. 참선 명상을 통해서 마음을 닦듯이 집 안도 청정하게 해야 행복하다.

직장에서도 맡은 바 본분을 다해야 한다. 직장에서 업무 회의를 하는데 마음은 참선 명상을 하라는 말이 아니다. 그 반대이다. 직장에서는 맡은 바 업무에 충실하고 원만해야 한다. 동료들과 회의할 때에는 회의에 충실해야 하고, 업무할 때에도 업무에 집중해서 지혜와 능력을 발휘해야 한다. 여기에 도움을 주는 것이 참선 명상이다.

현대 사회와 같이 치열하게 경쟁하는 직장에서는 스트레스가 많고 복잡한 인간관계와 급변하는 세상의 흐름 속에 초조 불안, 우울이 없을 수 없다. 이런 때일수록 참선 명상을 배우고 생활화하여 직장과 집, 인간 관계와 일에서 균형과 조화를 이루어 양변에 떨어지지 않도록 정견을 확고히 해야 한다.

화에 대한
명상의 해법

화, 분노(憤怒)란 무엇인가? 화 또는 분노는 '몹시 못마땅하거나 언짢아서 나는 성' 또는 '자신의 욕구 실현이 저지당하거나 어떤 일을 강요당했을 때 이에 저항하기 위해 생기는 부정적인 감정 상태'라고 한다.

화라는 의미의 영어는 'anger'이다. 'anger'는 근심, 괴로움, 고통을 뜻하는 고대 스칸디나비아어 'angr'에서 유래한다고 사전에 나온다. 현대 의학에서는 화, 분노는 괴로움과 같은 감정이라 한다.

한국인에게 많다는 '화병(火病)'은 화가 쌓여서 나타나는 감정적인 장애로 우울증과 유사하다. 그래서 '울화병(鬱火病)'이라고도 한다. 화병은 특히 여성들에게 많다. 우리나라가 조선시대 이래 유교 전통이 강하다 보니 가부장제 이데올로기와 남존여비 사상으로 여성 인권이 무시되어 왔기 때문이다.

현대 사회에 와서 짜증과 화, 분노는 특히 심해지고 있다. 치열한 경쟁 위주의 자본주의 경제 제도에서 생존과 성취를 위해선 남과의 경쟁이 필수적이다. 더욱이 지식정보화 시대인지라 날로 급변하는 생존 환경은 어지러울 정도이니 복잡한 인간관계와 일이 부담스럽고 대립과 갈등이 빈번해 짜증과 화, 분노가 일상적이다.

1960년대 미국과 소련이 대립하던 냉전시대에 서구의 대학을 중심으로 젊은이들 사이에 베트남 전쟁을 반대하고 흑인 인권운동을 지지하는 히피문화운동이 일어났다. 인간의 가치와 자유를 기치로 내세운 이 운동은 마약이나 알코올 등 중독성 물질을 통해 정신적인 해방감을 누리고자 하였고, 여기에 동양의 정신 수련법인 명상이 하나의 좋은 대안으로 받아들여졌다. 이

때 불교의 깨달음 명상인 참선을 만나 인생이 바뀐 이들이 있으니 바로 애플의 창업자 스티브 잡스와 세계적인 치유 명상 프로그램인 MBSR의 창시자 미국 매사추세츠 의과대학의 존 카밧진 박사이다.

현대 서양에 불교의 참선 명상을 전한 3대 고승이 바로 한국 조계종의 숭산 스님, 티베트 불교의 달라이 라마, 그리고 베트남 임제종의 틱낫한 스님이다. 세 분 스님은 각자 특색 있는 불교의 깨달음 명상을 전하며 화에 대하여 이런 지혜를 전했다.

틱낫한 스님의 베스트셀러
《화》

────────

틱낫한 스님은 베트남 임제종 법맥으로 일찍이 전법과 평화운동을 하다가 프랑스로 망명해 오지 보르도 지방에 플럼빌리지라는 불교 수행공동체를 만들었다. 스님은 프랑스 사람들이 경쟁사회에 지치고 힘들어 화와 우울증에 시달리는 것을 보고 불교 명상으로 치유하는 방법을 안내하여 큰 호응을 얻었다. 약 없이 내면의 명상으로 화와 우울을 치유할 수 있다니 이보다 기쁜

소식이 없었다.

틱낫한 스님은 그런 경험을 정리하여 《화》라는 책으로 펴냈는데, 이 책이 세계적인 베스트셀러가 되었다. 스님은 《화》에서 "시기, 절망, 미움, 두려움 등은 모두 마음을 고통스럽게 하는 독, 화"라고 정의하고 "마음속에서 화를 해독하지 못하면 절대로 행복해질 수 없다. 그러므로 화를 다스릴 때마다 우리는 일상에서 잃어버린 작은 행복을 다시금 찾을 수 있다. 화를 다스리기 위한 유용한 도구로 의식적인 호흡, 의식적인 걷기, 화를 끌어안기, 나의 내면과 대화하기 등을 권한다. 이것이 바로 자신의 마음을 다스리는 평화의 길이며 행복을 만드는 법칙"이라고 틱낫한 스님은 안내한다.

달라이 라마의
《화를 말하다》

달라이 라마는 그의 법문집 《화를 말하다》에서 "일천 겁 동안 쌓아 올린 보시와 부처님께 올린 공양 등 어떤 선행이라도 단 한 번의 화로 모두 무너질 수 있다. 자만, 오만, 질투 등 고통스러운 마음을 일으키는 데에는 많은 번뇌가 있지만 이 중에서도 증오와 화가 가장 악하다"고 말한다.

달라이 라마는 많은 번뇌 중 가장 악하다는 증오와 화를 다스리기 위해 "최선을 다해 모든 방법을 다 써서 인내를 수행해야 한다. 수행자는 증오와 맞서 싸워야 하고 인내하고 감내하는 능력을 향상시키도록 끊임없이 노력해야만 한다"고 강조한다. 다만, 달라이 라마는 "증오는 그 시작이 없다. 어떤 부정적인 감정들이 아무리 강력할지라도 그것은 견고한 기반을 가지고 있지 않는 반면에 연민이나 지혜 같은 긍정적인 감정들은 기반이 확고하다"라며 지혜와 자비심을 기반으로 깨달음으로 가는 길을 제시한다.

숭산 스님의
'오직 모를 뿐' 화두

숭산 스님은 한국 선을 대표하여 국제적으로 활약한 대선지식이다. 숭산 스님은 일본을 거쳐 미국으로 가서 화두선을 기반으로 서구인들의 눈높이에 맞게 선의 지혜를 전했다. 스님은 "말과 단어는 단지 생각이다. 이 생각이 고통을 만들어낸다. 모든 생각을 끊으면 '참 나'로 돌아갈 수 있다. 그것은 삶과 죽음의 영역을 넘어서는 것이다. 오직 모를 뿐으로 정진하라"고 안내한다.

숭산 스님은 화와 같은 괴로움의 원인이 생각이라며 일체의 생각을 끊어 '참 나'로 돌아가자고 한다. '참 나'는 생사의 괴로움도 초월한 세계다. 괴로움의 원인인 생각을 끊는 화두로 "Only Don't Know(오직 모를 뿐)" 하라 하였다. 깨달음이란 말과 문자로 이해하는 것이 아니라 언어 문자에 기반한 생각을 끊어야 한다. 생각을 끊는 화두로 '오직 모를 뿐'을 제시한다.

화, 분노에 대한
지혜

화, 분노에 대하여 부처님께서는 어떻게 보셨을까?

"성내는 마음은 불과 같아서 모든 계율을 파괴한다. 성을 내면 얼굴빛이 변하는데 그것은 나쁜 빛깔의 인(因)이다. 분노는 큰 도끼와 같아서 능히 법의 다리를 부수고, 마음속에 머무르면 마치 원수의 집에 들어간 것과 같다. 그것은 이승에서나 저승에서나 한결같은 마음과 바른 행을 모두 부숴버린다. 성내는 마음을 버려라. 그것은 지옥으로 가는 제일의 사자이다. 그러므로 오직 선한 사람이나 법을 들은 사람만이 그것을 버릴 수 있다."(《정법념처경》)

현대인이 시달리는 짜증, 화, 분노의 감정을 화두선에서는 어떻게 볼까? 선어록에는 화, 분노에 대한 말씀이 보이지 않는다. 화도 번뇌망상으로 보기 때문이다. 다만, 선종 초기 어록인 3조 승찬대사의 《신심명》에 미움과 증오에 대한 법문이 있다. 승찬대사는 《신심명》 첫 구절에서 그 유명한 법문을 하셨다.

"지극한 도는 어렵지 않음이요 오직 간택함을 꺼릴 뿐이다. 미워하고 사랑하지만 않으면 통연히 명백하리라."

그렇다. 선에서 깨달음, 중도는 어렵지 않다. 세수하다 코를 만지는 격이다. 우리가 이대로 본래 완전하고 중도로 존재한다. 본래 깨달음이 다 갖춰져 있다. 그래서 본래 성불, 본래 부처라 한다.

우리가 이대로 본래 부처인데, 미움과 사랑이라는 분별심을 일으키니 짜증, 화가 일어난다. 사랑과 미움이라는 양변에 떨어져 집착하는 분별망상이 있는 한 본래 갖춰진 지혜와 능력이 나지 않는다. 그러니 사랑과 미움의 양변을 버리면 통연히 부처의 지혜와 능력이 나툰다. 먹구름이 지나가면 태양은 저절로 드러나는 이치와 같다.

우리 이대로 본래 완전한데, 양변에 떨어져 짜증, 화, 분노, 미움, 사랑 등을 일으키니 부처가 중생으로 사는 것이다. 본래는 부처인데, '중생'이라는 착각에 빠져 미움과 사랑의 양변에 떨어져 생로병사의 괴로움과 업을 짓고 살아간다.

그렇다면 어떻게 화, 분노에서 벗어날 수 있는가? 화두선에서는 화, 분노를 실체가 없는 망상이라 '정견'을 세우라 한다. 내가 중생이라는 착각에서 화가 난다. 우리 마음은 이대로 본래 완전한데 사랑과 미움의 분별망상을 일으키면 짜증과 화, 분노가 일어나는 것이다. 그러니 화에서 벗어나려면, 화가 없으려면 부처님이 깨달은 중도를 공부하여 정견을 세워야 한다. 나와 우주 만물에 대하여 중도 정견의 바른 세계관과 가치관을 세우면 '내가 본래 중도'라는 것을 알게 된다.

이 정견을 세우면서 화와 어리석은 분별망상이 일어나면 화두로 차단해야 한다. 화두를 자꾸자꾸 챙기면 망상이 사라지

고 화도 가벼워지는 것을 체험할 수 있다. 화두 삼매의 강한 힘
을 체험한 사람은 화가 나지 않는다.

남의 비난과 핍박에
대처하는 법

생활인이라면 누구든지 크고 작은 스트레스와 화, 분노, 우울한 감정을 느끼고 살아간다. 우리가 일상생활에서 가장 스트레스를 많이 느끼고 화가 일어나는 상황은 사람 관계에서 그렇다. 가정생활에서나 직장생활, 그리고 사회관계에서 상대하는 사람과 대화가 잘 되지 않고 생각이 다르거나 이해관계가 충돌할 때 갈등이 일어난다. 웬만한 인간관계에서 갈등은 대화와 경청, 그리고 소통으로 해결할 수 있지만, 상대와 가치관이 다르거나 이해관계가 충돌하면 이것이 뜻대로 되지 않는다.

그럴 때 서로 견해와 주장을 고집하고 집착하여 뜻을 굽히지 않으면 대립과 갈등이 일어나 목소리가 높아지고 화가 일어나 싸우게 된다. 이처럼 남과 갈등하는 상황에서 자기 견해에 대한 집착이 지나쳐 불필요하게 상대를 자극하는 말을 하거나 화가 나서 감정을 표출하면 그것이 더 갈등을 증폭시켜 싸움이 벌어지고 감정의 골이 깊이 벌어져 서로 간에 대화와 만남이 불가능해지고 서로 원수가 되기도 한다.

상대와 내가 대등한 관계라면 서로 싸운 뒤 다시 만나지 않으면 되지만, 갑을관계나 상사와 부하의 얽매인 관계라면 다르다. 대개 회사나 공무원 등 직장인이라면 상사와의 갈등으로 스트레스와 화, 우울을 앓는 경우가 많을 것이다. 이런 경우가 문제다. 갑을관계처럼 인연을 끊기 어려운데 갑질을 당하거나 직장과 같이 한 공간에서 일하는 경우 스트레스와 화, 우울이 쌓여서 우울증이나 번아웃처럼 무기력에 빠지기가 쉽다.

현대 사회에서 신문이나 방송에 자주 뉴스가 되는 것이 갑질과 상사의 시대착오적인 언행이다. 이것을 비꼬는 신조어가 '라떼는'이다. '내가 할 때는…' 운운하며 갑이나 상사로서 군림하려하고 또 을이나 부하 직원을 존중하지 않고 권위적으로 대하면 을이나 부하 직원은 스트레스, 화가 쌓여서 큰 병을 얻거나 번아웃이 되기도 한다.

인간관계를 할 때 가장 스트레스 받고 화날 때는 상대가 나의 참뜻을 모르고 비난하거나 멸시할 때이다. 우리는 일상생활에서 남한테 부당한 욕을 들을 때나 무시당할 때 스트레스를 느끼고 화가 난다. 그리고 이것이 자주 반복될 때 스트레스와 화가 쌓이고 마침내 분노가 폭발하기도 한다.

욕과 비난에
무아(無我)의 정견 세우기

사람들은 이렇게 괴로움의 바다에서 헤어나기가 참으로 어려워 술이나 마약과 같은 약물에 의지하는 안타까운 선택을 하기도 한다. 근래에는 현대 과학과 결합한 치유 명상이 인기이나, 불교의 정견이 없는 치유 명상은 일시적인 효과를 줄 뿐 근본적인 해법이 되지 못한다.

괴로움의 근본적인 해결책은 부처님의 깨달음 명상에 있다.

불교의 깨달음 명상에서는 남의 비난과 핍박에 어떻게 대처하는가? 부처님께서는 조계종이 소의경전으로 삼고 있는 《금강경》에서 이렇게 법문하신다.

"만약 보살이 아상(我相), 인상(人相), 중생상(衆生相), 수자상(壽者相)이 있으면 곧 보살이 아니다."

부처님 말씀에 따르면, 깨달음을 실천하는 불자인 보살은 '나'라는 생각인 아상(我相)이 없어야 하며, 내가 사람이라는 인상(人相)도, 내가 중생이라는 중생상(衆生相)도, 내 생명이 있다는 수자상(壽者相)도 없어야 참된 불제자라는 것이다.

부처님의 이 말씀을 바르게 이해하여 내가 본래 없다는 무아(無我)에 정견(正見)을 세운 불자라면 내가 사람이고 중생이며 생명이 있다는 생각도 비워야 한다. 부처님은 나와 우주 만물이 실체가 없이 서로서로 의지하여 존재한다는 연기법(緣起法)을 깨친 분이다. 나와 우주 만물이 연기로 존재하니 나라고 할 실체가 없는 무아(無我)다.

이렇게 불교의 무아를 공부하여 정견을 세운다면, 세상 사람들이 흔히 말하는 '내가 있다'는 생각은 잘못된 견해다. 나는 연기, 무아로 존재한다. 그러니 '내가 있고, 나의 것이 있다'고 보고 행한다면 그 사람은 지혜를 밝히지 못하고 어리석음에 빠져 화와 욕망 속에서 생사의 괴로움을 피할 수가 없는 것이다.

이런 부처님의 가르침으로 볼 때 남이 나를 비난하고 핍박하더라도 실제로는 비난 받고 핍박 받는 '나'라는 실체는 없다고 봄이 바른 정견(正見)이다. 이것이 2600여 년 전 부처님이 깨치고 우리에게 알려주신 무아의 지혜이다.

비난과 악행에
어찌 대처할 것인가?

부처님의《금강경》가르침대로 '나'라는 생각 없이 보고 듣고 행해야 깨달음으로 가는 것이다. 반대로 '나'라는 생각이 조금이라도 남아 있다면, 삶과 죽음의 괴로움에서 벗어날 수가 없다.

부처님께서 전세에 인욕보살로 수행하던 어느 날이었다. 가리왕이 숲속에서 사냥을 하다가 궁녀들이 보이지 않아 찾아보니 어느 수행자를 둘러싸고 예경하는 것을 보고는 화가 났다. 누구냐고 물으니 인욕 수행자라 하자, 얼마나 참는지 보자면서 두 팔을 잘랐다. 그래도 태연하자, 이번에는 잔혹하게도 두 다리마저

끊었다. 이런 극악무도한 악행에도 인욕 수행자는 평상시처럼 태연하였다. 그제야 가리왕이 스스로 놀라 무릎을 꿇고는 자기 악행을 참회하며 인욕 수행자에게 부탁하기를 도를 깨치면 자기를 가장 먼저 구제해 달라고 청을 한다. 이때 사지를 절단 당하는 악행을 당한 인욕 수행자가 바로 후세의 석가모니 부처님이다. 부처님에게 악행을 가한 가리왕은 《초전법륜경》에 부처님 제자 중에 가장 먼저 깨달은 이로 나오는 꼰단냐(교진녀)이다.

부처님은 깨치기 전 수행자 시절에 이와 같이 극악무도한 악행을 당하였지만, 분노와 원한을 전혀 일으키지 않았다. 부처님이 그렇게 한 이유는 '나'라고 할 것이 없다는 정견이 확고했기 때문이다. 부처님은 연기, 무아의 정견을 세우고 정진했기 때문에 가리왕으로부터 무자비한 악행을 당하고도 화와 원망하는 마음이 없이 깨달음을 성취하였다. 반대로 무자비한 악행을 가한 가리왕도 자기 잘못을 진정으로 참회하고 부처님의 법문을 듣고 깨달음을 성취했다.

비난과 악행으로부터
자유로운 지혜

우리가 일상생활에서 가장 고뇌하는 스트레스와 화를 유발하는 상대의 비난과 악행으로부터 자기를 보호하고 평상심을 유지하려면 불교의 무아를 공부하여 정견을 세워야 한다. 무아의 정견을 세우지 못하면 나와 남을 분별하여 상대가 착각에 빠져 무지에서 나온 욕과 악행을 그대로 받아들여 내 안에 화와 악업으로 되갚으려는 분한 마음이 일어난다.

우리가 정녕 지혜롭고 행복하게 살려면 모든 인간관계에서 상대방의 비난과 악행을 마주하더라도 '일체가 연기이고 무아이니 나라고 할 것이 본래 없다'는 정견을 세워서 속히 지나가야 한다. 이것이 상대하는 사람의 욕과 악행으로부터 나를 지키는 지혜로운 방편이다.

그래서 성철 스님은 '자기를 바로 보자'고 법문하셨다. 내가 잡철이 아니라 본래 순금이다. 내가 어리석은 중생이라고 봄은 분별망상이고 착각 때문이다. 우리가 이대로 본래 완전한 부처다. 내가 본래 완전한 지혜와 복덕을 갖춘 부처임을 바로 보게 되면 자기라 할 것이 없지만, 스스로의 자존감을 회복하여 지혜롭고 당당하게 삶을 살아갈 힘이 나온다.

날로 복잡하고 다양한 인간관계 속에서 살아가야 하는 현대인들이 뜻하지 않는 비난과 악행으로부터 자기를 지키고 평상심으로 살아가는 지혜와 힘을 키우려면 불교의 중도, 무아에 정견을 세워야 한다. 불교의 정견을 세우고 하루 5분 이상 규칙적으로 명상을 하면 스트레스와 화가 점점 사라지고 마음이 환하게 밝아지는 것을 체험할 수 있다. 매일매일 밥 먹고 차 마시듯이 명상을 하면 마음이 편안해지고 화가 사라지는 것을 알 수 있다.

현대인들이 가장 괴로움을 느끼는 스트레스와 화에서 벗어나려면 일시적인 효과의 힐링 명상도 좋지만, 근본적으로 해결하려면 깨달음 명상을 해야 한다.

달라이 라마의
'인내'

      세계 불교의 최고지도자로 알려진 달라이 라마는 중국 공산 당 정권의 티베트 강점과 탄압에 맞서 인도로 망명하여 티베트 불교의 세계화를 이끌어 내었고, 불교의 지혜와 자비 정신을 널리 전하고 있는 분이다. 그는 대중과 잘 소통하면서도 법문의 깊이가 있다. 특히 달라이 라마는 티베트를 강점하고 살상과 억압을 멈추지 않는 중국을 용서하는 말과 행동으로 불교의 자비와 평화 정신을 실천으로 증명하고 있다. 달라이 라마는 지구촌 평화에 기여한 공로로 노벨 평화상을 받았다.

달라이 라마는《달라이 라마, 화를 말하다》법문집을 내었는데, 이 책은 8세기 인도 산띠데바 스님의 저서《입보리행론》제6장 인욕품 강의를 엮어낸 것이다. 이 책에서 달라이 라마는 이렇게 말한다.

달라이 라마 역시 현대인이 직면한 최고의 괴로움이 화라는 것을 잘 인식하고 있는 것 같다. 그래서《입보리행론》'인욕품' 첫번째 게송 "일천 겁 동안 쌓아 올린 보시와 붓다에게 올린 공양 등의 (어떤) 선행이라 하더라도 단 한 번의 화로 모두 무너질 수 있다"고 한 말씀을 근거로 '화나 증오를 일으키면 천 겁 동안 쌓은 공덕을 일시에 무너뜨릴 수 있다'고 강조한다.

《입보리행론》두 번째 게송에선 "증오만큼 악한 것은 없으며 인내만큼 견디기 힘든 고행도 없다. 그러니 최선을 다해 모든 방법을 다 써서 인내를 수행해야 한다"고 한다. 달라이 라마는 《입보리행론》의 '모든 방법을 다 써서 인내를 수행하라'는 가르침을 화가 많은 이들에게 가장 노력해야 하는 수행법으로 제시한다. 그러므로 수행자는 인내하고 감내하는 능력을 향상시키기 위해 끊임없이 노력해야 하는 것이다.

결론적으로 달라이 라마의 화에 대한 대처법은 인내(忍耐) 수행을 하는 것이다. 인내란 '괴로움이나 어려움을 참고 견딤'이라고 사전에서 정의한다. 현대인이 고통 받는 화에 대한 달라이 라마의 대처법은 참고 견디라는 것이다. 이것은 대승불교의 육바라밀 중 인욕바라밀을 말한다. 대승 보살행을 닦는 수행자는 마땅히 인욕바라밀을 실천해야 하는 것이다.

달라이 라마의
용서

화에 대한 달라이 라마의 대처와 수행법이 인내라면 '용서'는 나를 평화롭게 하고 행복하게 하는 중심이다. 달라이 라마와 친한 중국인 친구 사이의 대화를 기록한 《용서》라는 책이 있다. '용서'는 달라이 라마가 40년 넘게 벌이고 있는 비폭력 평화운동의 중심 사상이다. 그는 책에서 말한다. "나를 고통스럽게 만들고 상처를 준 사람에게 미움이나 나쁜 감정을 키워 나간다면, 내자신의 마음의 평화만 깨어질 뿐이지만 그를 용서한다면 내 마음은 평화를 되찾을 수 있다"며 용서해야만 진정으로 행복할 수 있다. 용서는 상처를 준 사람들을 받아들이고, 그들을 향한 미움과 원망의 마음에서 자기 자신을 놓아주는 일이라 이야기했다. 즉, 용서란 곧 스스로를 위한 자비이자 사랑이라는 것이다.

중국으로부터 모진 탄압을 받고 있는 티베트 불교와 달라이 라마의 인내 수행과 용서의 지혜는 참으로 감동적이다. 선과 악, 내 편과 네 편 등의 양극화가 심화되고 있는 현실에서 인내와 용서를 말하고 몸소 실천하는 달라이 라마는 가히 세계 불교계 최고의 지도자라 칭송할 만하다. 특히 인내와 용서를 말로만 하는 것이 아니라 온몸으로 실천하라는 가르침은 한국 불교가 특히 배울 점이라 하겠다.

성철 스님의
"우리 불교의 근본에는 용서가 없다"

한국 불교를 대표하는 선지식 성철 스님은 《자기를 바로 봅시다》라는 한글 법어집에서 '용서'에 대하여 이렇게 이야기했다.

불교에서는 '용서'라는 말 자체가 없는데 이는 불교에서 '일체 중생의 불성은 꼭 같다〔一切衆生 皆有佛性〕'고 주장하기 때문이다. 즉 성불한 부처님이나 죄를 많이 지어 무간지옥에 있는 중생이나 자성(自性) 자리는 똑같다는 의미다. 그래서 아무리 죄를 많이 짓고 아무리 나쁜 사람이라도 겉을 보고 미워하거나, 비방하는 등 나아가 세속적인 의미의 용서는 할 수 없다는 뜻이다.

달라이 라마가 강조하는 용서에 대하여 성철 스님은 "우리 불교에서는 '용서'라는 말이 없다"고 한다. 용서라는 말은 너는 잘못했고, 나는 잘했다는 양변에서 하는 말이니 중도 정견(正見)과 정어(正語)가 아니라는 말이다.

이처럼 티베트 불교를 대표하는 달라이 라마와 한국 불교를 대표하는 성철 스님 사이에도 견해 차이가 있다. 같은 대승불교 문화권임에도 '용서'에 대한 성철 스님과 달라이 라마의 입장 차이는 적지 않다.

성철 스님은 가장 선한 이를 부처라 하고 가장 악한 이를 마구니라 하는데, 이 둘은 하늘과 땅 차이이나 부처님의 안목에서 보면 마구니와 부처는 모두 연기로 존재하니 한 몸이고 이름만 다를 뿐이라 한다.

성철 스님
"용서 아니라 참회"

———

그렇다면, 상대의 잘못과 악행에 대하여 불교에 '용서'가 없다면, 불교의 바른 대안은 무엇일까? 성철 스님은 '용서' 대신 '참회'를 제시한다.

나 스스로가 '참회'를 해야지 그 사람을 '용서'해서는 안 된다는 의미다. 그래서 성철 스님은 우리 불교사전에서 '용서'라는 말을 빼야 한다고 늘 말씀하셨다."

선(禪)의 종전인 《육조단경》 '참회(懺悔)'편에 "참이란 몸이 다하도록 잘못을 짓지 않는 것이고 회란 과거의 잘못을 아는 것이다"라고 한다. 참회란 우리가 나와 너, 선과 악의 양변을 떠나 중도로 보면 상대의 허물을 내 허물로 보고 하라는 것이다. 이렇게 불교의 정견과 지혜로 살아간다면 내 안의 평안도 쉽게 이루어지고 세상의 평화에도 기여하게 될 것이다.

달라이 라마의 인내와 용서도 훌륭한 수행이지만, 용서도 아직 양변에서 하는 것이니 근본적인 해법이 되지 못한다. 나와 남의 분별을 떠나 중도 정견을 세워서 나의 허물은 물론이거니와 남의 허물과 잘못도 나의 잘못으로 참회한다면, 어찌 시비 분별이 있을 수 있겠는가? 이것이야말로 부처님이 가리왕에게 사지를 절단 당하는 악행에도 화와 원망하는 마음이 없었다는 무아의 지혜이리라.

우리가 일상에서 마주하는 스트레스와 화나는 경계에서도 무아의 정견을 세운다면, 우리 마음은 언제 어디서나 평상심으로 살아갈 수 있을 것이다.

4장

고통 없는
영원한 행복을 위하여

세계적인 명상 붐과
우리의 과제

    한국뿐만 아니라 세계적으로도 명상 붐은 지속적으로 크게 일고 있다. 지금 서양에서 유행하는 힐링 명상은 부처님의 깨달음과 참선에 기반하여 현대인의 감각에 맞게 대중화된 참선법이다. 왜 서양 선진국을 중심으로 명상이 확산되고 있는지, 그리고 이것을 한국 불교 입장에서는 어떻게 보아야 할까.

프랑스서 명상 붐 일으킨
플럼빌리지

절대 신(神)을 믿는 이웃 종교는 인간의 행복과 불행이 신의 뜻이라 말한다. 그러니 인간이 행복하게 살려면 신을 믿고 구원을 얻어야 한다고 가르친다. 신에 의지하여 행복한 삶을 살아가는 것도 좋은 길이다. 하지만, 서양 선진 국가의 종교 흐름을 보면, 신 중심의 종교가 현대인이 직면한 문제를 해결하는 데 그다지 도움이 되지 않는 것 같다. 반면에 불교의 지혜는 내 밖이 아니라 안을 바로 보라 한다.

몇 년 전에 선원 수좌스님들과 봉암사 세계명상마을 건축 불사를 위해 유럽의 유명한 명상센터를 둘러볼 기회가 있었다. 그중에 가톨릭 국가인 프랑스의 벽지(僻地) 보르도 지방에 있는 틱낫한 스님의 플럼빌리지를 가보고 느낀 바가 컸다. 베트남에서 평화운동을 하다가 프랑스로 망명한 틱낫한 스님은 1982년에 프랑스 농촌 보르도에서 작은 농가를 하나 인수하여 명상 공동체를 시작했다.

처음 시작할 때는 명상 공간이 없어 소 키우던 외양간을 청소해서 명상실로 사용했다. 그런데 스트레스에 시달리며 삶의 의미를 잃고 방황하던 프랑스인들이 플럼빌리지를 찾아왔다. 스님은 그들에게 자기 마음을 바로 보는 명상을 안내했고, 자기 체험을 통하여 치유를 경험하고 간 사람들에 의해 점점 입소문이 나면서 찾는 이들이 늘어나 지금은 4개 마을 규모의 세계적인 명상센터로 발전했다.

틱낫한 스님의 명상센터는 프랑스뿐만 아니라 미국 동부와 서부에도 큰 명상센터가 있다. 이와 같이 프랑스와 미국 등 선진국일수록 심해지고 있는 스트레스와 우울 문제에 대해 신 중심의 종교에서는 믿음 이외에 별다른 치유책이 없지만, 불교에는 참선 명상이라는 탁월한 대안이 있다.

선의 지혜로 애플을 일군
스티브 잡스

20세기 후반기에 미국에서는 대학을 중심으로 베트남 전쟁에 미군 참전을 반대한 반전운동을 계기로 히피문화가 확산되면서 동양의 정신문화인 명상에 주목하기 시작했다. 그 시대에 세계 젊은이들을 열광시킨 비틀스가 그러했고, 애플을 창업한 스티브 잡스 같은 인물이 대표적인 명상가들이다.

특히 스티브 잡스(1955~2011)는 현대 문명을 상징하는 스마트폰을 만든 걸출한 인물이다. 그는 선종 5가(五家)의 한 문파인 일본 조동종(曹洞宗) 선승 오토가와 고분치노(乙川弘文, 1938~2002)에게 참선을 배웠는데, 참선에 심취하여 출가를 결심할 정도였다. 그런데 일본인 스승은 출가를 만류하며 "재가에서 사업을 하면서도 얼마든지 참선을 할 수 있다. 당신은 비즈니스가 더 맞는 것 같다"고 안내한 것을 계기로 잡스는 애플을 창업하게 된다.

잡스는 결혼식 주례로 참선 스승을 모실 정도로 참선에 열정적이었는데, 잡스가 선 정신으로 창업한 애플은 이후 스마트폰으로 세계 최고 기업이 되었다. 잡스가 애플을 경영하면서 직원들과 토론 중에 한 말이 그의 안목을 보여준다. 잡스가 스마트폰을 만들면서 단순한 전화기가 아니라 최고급 카메라와 음악을 듣고 영화를 보고 업무를 처리할 수 있는 손바닥만 한 컴퓨터를 만들자고 하자, 한 직원이 그렇게 하면 너무 비싸서 누가 사겠느냐고 말했다. 그러자 잡스는 이렇게 말했다고 한다. "우리는 단순히 물건을 팔기 위해 상품을 만드는 것이 아니다. 우리는 사람들이 원하고 가지고 싶어 하는 최고의 명품을 만드는 것이다."

잡스는 단지 먹고 사는 돈을 벌기 위해 사업을 한 것이 아니라 세상에 도움이 되기 위해 기업을 경영한 것이다. 이것이 불교의 지혜이고 선 정신이다. 개인의 이익과 욕망을 위한 것이 아니라 세상 사람들에게 이익을 주기 위해 일하는 것이다. 잡스의 이러한 가치관은 사업가들에게도 큰 영향을 주어 전 세계에 인문학 경영과 선 명상에 대한 관심을 고조시켰다. 바야흐로 동양에서 시작된 불교의 참선 명상이 기독교 전통의 서구 사람들에게도 큰 영향을 주어 삶의 지혜로 나타나기 시작한 것이다.

이후 미국 첨단 기업들의 메카로 불리는 실리콘밸리에서 명상 붐이 크게 일어났다. 구글의 엔지니어들도 회사에서 명상을 시작했고, 세계 최고 부자 중 한 사람인 마이크로소프트의 창업자 빌 게이츠도 명상을 한다고 뉴스에 나올 정도다. 미국 매사추세츠 의과대학의 존 카밧진 박사는 대학 시절 접한 히피문화를 통하여 불교 참선을 만났다. 그는 한국 조계종의 숭산(崇山, 1927~2004) 스님을 만나 참선을 배우면서 참선이 스트레스를 해소하고 창의력과 집중력을 키우는 데 도움이 되는 것을 체험한다. 그는 불교 참선을 바탕으로 다양한 명상 전통을 공부하고 연구하여 마침내 1979년 매사추세츠대학 병원에서 '마음챙김 기반 스트레스 감소(Mindfulness-Based Stress Reduction, 약칭 MBSR)' 프로그램을 개발하여 대중에게 안내하기 시작했다. 카밧진의 MBSR은 병원의 난치병 환자들에게 치유 프로그램으로 크게 주목 받았다. 이후 전 세계 주요 병원에서 이 프로그램을 도입하여 활용하게 되었다. 이에 자극 받아 영국 옥스퍼드대에서는 MBCT(Mindfulness-Based Cognitive Therapy, 마음챙김에 기반한 인지치료) 프로그램을 개발하여 큰 호응을 얻고 있다.

지금 서양에서 불고 있는 명상 열풍은 동양에서 출발한 불교에서 배워간 것이지만, 불교 명상법을 바탕으로 과학, 의학, 심리학과 연결하여 새로운 명상 과학이라는 흐름을 만들어 가고 있다. 한마디로 서양은 불교의 깨달음을 위한 참선 명상법을 스트레스 해소와 심리 치유를 위한 생활 명상 프로그램으로 활용하고 있는 것이다. 이렇게 하여 기업, 병원, 학교, 스포츠, 군대 분야에까지 명상을 활용한 심리 치유 프로그램이 확산되고 있다.

한국에 역수입되는
서구 명상 프로그램들

미국 등 서구의 명상 흐름은 21세기 들어 세계로 확산되면서 자연스럽게 한국 사회에도 전해지고 있다. 초기에는 명상가들 중심으로 알려지다가 지금은 심리학과 정신의학 분야에서는 거의 대세가 된 듯하다. 여기에 더하여 삼성, LG, SK와 같은 국내 최고 대기업들이 임직원의 복지 차원에서 명상을 활용하고 있다.

삼성그룹은 스트레스에 시달리던 한 임원이 아파트에서 뛰어내리는 사건이 일어나자 애플과 구글의 명상 도입 사례를 참조하여 임직원의 정신 건강에 도움이 되는 삼성 명상 프로그램을 개발하여 보급 중이다. 특히 몇 년 전에는 경북 영덕 칠보산 중턱에 동해 바다를 조망하는 멋진 뷰를 가진 곳에 연수원을 건립하여 명상 프로그램을 운영하고 있다.

또한 정신건강의학이나 심리 상담학 분야에서는 존 카밧진의 MBSR과 옥스퍼드대의 MBCT 프로그램과 같은 서구 명상 프로그램이 병원과 학교, 심리상담센터 등에서 활용되고 있다. 동양에서 탄생한 불교 명상은 이제 서양으로 가서 과학과 만나 명상의 과학적인 효과를 앞세워 세계적으로 확산되면서 한국 사회에도 도입되고 있다. 이런 흐름은 이제 대세가 된 것 같다. 이것은 불교에 좋은 일인가? 아니면 불교에서 배워가서 불교를 어렵게 만들 것인가?

서구 명상 프로그램 한계와 불교의 대안

세계적인 명상 붐에 조응하여 한국 불교를 대표하는 조계종에서도 그동안 몇 가지 시도가 있었다. 먼저 2005년도에 간화선 대중화 종책 차원에서 조계종 교육원과 전국선원수좌회가 공동으로 간화선 수행 지침서인 《간화선-조계종 수행의 길》(조계종출판사)을 편찬했다. 이를 바탕으로 조계종 포교원에서는 10주 과정의 '간화선 입문 프로그램'을 개발하여 보급했다. 하지만, 원장 소임자와 실무자의 변동으로 간화선 대중화 종책은 흐지부지되고 말았다. 그사이에 남방 상좌부 승가의 위빠사나 명상과 미국의 명상 프로그램은 더욱더 대중에게 다가갔다. 불교 명상법 중

최상승이라는 간화선은 세계적인 명상 붐 속에서도 종단 차원의 역할이 부재한 상황이 벌어졌다. 그사이에 힐링 명상은 스트레스를 줄이려는 개인과 기업, 병원, 학교, 스포츠계에서까지 대세가 되었다. 그런데 조계종에서부터 변화의 기운이 보이기 시작한다. 37대 총무원장에 취임한 진우 스님은 종단 차원에서 명상의 대중화를 위해 명상 프로그램의 개발과 도심의 명상센터 건립을 종책으로 세워서 추진하겠다고 한다. 늦었지만, 매우 환영할 만한 일이다. 한국 불교의 변화가 기대된다.

돈벌이 수단으로
세속화된 명상

　서구의 치유 명상이 서양인들에게 폭넓게 보급되어 눈부신 성공을 구가하는 때에 미국의 한 불자 교수가 날카로운 비판을 가하는 책을 출간했다. 미국에서는 《McMindfulness》라는 제목으로 출간되었는데, 한국에서는 《마음챙김의 배신》이라 번역 소개되었다. 책의 저자는 샌프란시스코 주립대 로널드 퍼서 교수다. 그는 흥미롭게도 한국 불교의 태고종 스님에게 간화선을 공부하는 재가 수행자다. 퍼서 교수는 이 책에서 "지금 서구에서 유행하는 '마음챙김 명상'은 불교에서 배워왔지만, 불교를 버리고 명상 테크닉을 통해서 현실에 순응하고 마음의 평안만을 추구하는 자본주의의 상품화된 명상"이라 신랄하게 비판한다.

퍼서 교수는 《마음챙김의 배신》에서 마음챙김 명상가들이 불교 명상에서 삼매, 마음챙김(알아차림) 등을 수련하고 배워가서 사용하면서도 불교에 대하여 고마워하지도 않고 불교를 버렸다고 비판한다. 즉 부처님께서는 깨달음을 위해 명상법을 안내하셨는데, 마음챙김 명상가들은 불교 명상에서 배웠으면서도 불교는 버리고 명상만 가져가 과학이라 포장해서 대중들에게 명상을 상품으로 만들어 돈벌이를 하고 있다는 것이다.

상품화된
명상

오늘날 마음챙김 명상가들이 말하는 상품화된 명상은 바른 명상이 아니라 현대인들에게 만연한 스트레스와 정신 불안을 치유하는 임시방편일 뿐이다. 이러한 명상은 마치 치통이 나면, 원인을 진단해서 근본적인 치료를 해야 하는데, 그렇게 하지 않고 진통제를 먹여 임기응변으로 넘어가려는 것과 같다. 그래서 붙인 이름이 '맥마인드풀니스', 햄버거와 같은 마음챙김이다. 집밥이나 식당에서의 일상적인 식사가 아니라 간편식인 햄버거와 라면 같은 것으로 끼니를 때우면 임시방편으로 배를 채울 수는 있으나 결국 영양 결핍으로 건강에는 도움이 되지 않는다.

이와 마찬가지로 마음챙김 명상은 현대인들이 직면한 사회 구조적인 모순에 대해서는 눈을 감게 하고 오직 내면의 스트레스 감소와 불안한 마음을 치유하는 명상 기술만을 가르치기 때문에 근본적인 해결책이 될 수 없다는 것이다.

그럼에도 마음챙김 명상은 기업에서도 많이 활용되고 있다. 기업에서 하는 명상은 깨달음이나 주체적인 삶이 아니라 근로자의 스트레스 감소와 생산력 향상에 목적이 있다. 이것은 깨달음을 위한 명상이 근로자들의 정신 건강과 일을 잘하기 위한 도구로 수단화되어 버린 것이다. 고용주 입장에서는 근로자들이 명상을 통해서 치열한 경쟁 상황에서 스트레스를 덜 받고 일을 잘하여 생산력을 유지하는 것이 좋은 것이다. 이것은 기업이 해고나 업무상의 스트레스를 유발하는 구조적이고 제도적인 문제의 해결에 관심을 두기보다는 스트레스를 개인의 문제로 내면화시켜 참고 견디는 힘을 키우는 명상을 이용하게 만든다. 숭고한 가치의 명상이 기업 생산력 증대를 통한 이윤 추구의 수단으로 전락한 것이다.

마음챙김 명상은 급기야 학교는 물론 군대에서까지 광범하게 활용되고 있다. 아프가니스탄 등 여러 긴박한 전투 현장에서 스트레스를 줄이고 평정심으로 승리하기 위해 마음챙김 명상을 가르치고 있다. 서구에서 마음챙김 명상은 이제 전쟁에서 적군을 많이 죽여서 승리하는 능력을 키우는 데까지 이용되고 있는 것이다.

결국 마음챙김 명상은 부처님이 가르친 무아와 해탈로 가는 깨달음 명상이 아니라 자기가 더 건강하고 돈을 많이 벌어 잘사는 이기적인 욕망 실현의 수단으로 전락했다고 퍼서 교수는 비판한다. 이것은 곧 서구에서 마음챙김 명상이 자본주의 세속화에 완전히 순응하는 잘못된 결과라 진단한다. 그는 마음챙김 명상에 혁신이 필요하다고 말한다. 퍼서 교수는 마음챙김 명상의 치유적인 기능은 분명 가치가 있지만, 현재의 한계를 인정하고 과장 광고를 없애야 하며, 개인의 내면 치유만이 아니라 사회적, 구조적인 문제를 바로 보고 개선하여 공동체의 치유로 나아갈 것을 제안한다.

서구 치유 명상의
문제

서구의 치유 명상은 불교의 깨달음 명상에서 배워가서 크게 성공했다. 하지만, 치유 명상은 불교의 가치인 깨달음과 중도(팔정도)를 배제하면서 삶의 도구, 수단이 되어 버렸다. 누구나 명상을 하지만, 깨달음을 향한 지혜와 자비의 실천, 세상의 행복을 말하지 않는다. 이것은 치유 명상이 수단화, 상품화, 세속화되어 간다는 비판을 불러 왔다.

실제, 서구의 명상가들 중에는 심각한 지탄을 받는 이가 있었다. 1980년대 미국에서 크게 이름을 날린 오쇼 라즈니쉬(1931~1990)가 그런 인물이다. 그는 인도 출신의 명상 지도자인데 미국으로 건너가 불교의 여러 경전과 선어록을 강의하며 명상을 가르쳤다. 그는 자신을 따르는 이들을 중심으로 오리건주에 자치 공동체를 만들었는데, 그의 추종자들은 공동체의 영향력 확대를 꾀하다가 지역 주민들과 충돌하자 살인과 생화학 테러를 자행하기도 하였다. 특히 그는 동적인 명상을 강조하며 나체 춤이나 집단 성행위 등을 명상으로 가르쳤다.

이것은 미국 사회에 큰 화제와 함께 파문을 낳아 결국 사회 여론의 지탄을 받아 명상 공동체는 무너졌고, 라즈니쉬는 인도로 추방당했다. 라즈니쉬의 명상과 공동체의 엽기적인 행각은 〈오쇼 라즈니쉬의 문제적 유토피아〉라는 다큐멘터리(넷플릭스)에 자세히 기록되어 있다.

라즈니쉬는 스스로 깨달았다고 자처했고, 그의 불교 경전과 선어록 강의 저서들은 한국에서도 베스트셀러였고 지금도 추종자들이 적지 않다. 하지만, 그는 자기 명예를 높이고 롤스로이스를 99대나 소유하는 등 사치와 욕망을 추구하는 데 불교와 명상을 이용하였고, 그렇게 추종자들과 이기적인 욕망을 추구하다가 하루아침에 무너진 것이다. 이러한 문제는 바로 명상을 안내하는 명상 지도자가 명상을 수단화, 세속 상품화하면서 불교의 정견과 계율의 가치를 버렸기 때문이다.

불교의 가치인 정견과 깨달음이 빠진 명상은 현대인에게 스트레스 감소와 일시적인 마음의 평정심을 가져다주겠지만, 그것이 생활화되어 자기도 행복하며 남도 행복하게 하는 동체대비

원력행으로 나아가기는 어렵다. 그러므로 불교의 정견 없는 치유 명상은 목적지를 잃은 배와 같다. 사바세계에서 생사 윤회라는 괴로움의 바다를 건너가려면 반야의 배를 타야 한다. 그런데 그 배가 어디로 가야 하는지 알 수 없는 배라면 참으로 곤란하다. 바다에 빠져 허우적대기보다는 배에 타고 있는 것이 안전하고 도움이 되지만, 그 배가 어디로 가는지 알 수 없는 배라면 무슨 의미가 있을까?

　서구의 치유 명상가들이 불교의 깨달음 명상을 수행하고 배워서 과학화, 프로그램화하여 서구 시민들에게 명상의 가치를 알리고 활용한 것은 크나큰 성과다. 그것은 마땅히 인정하고 존중해야 한다. 하지만, 치유 명상의 한계를 바로 보지 못하고 거기에 안주하여 상품화와 돈벌이 수단으로 명상을 세속화한다면 그것의 문제와 한계를 바로 알아야 할 것이다.

나가며

명상단체나 절에서
참선명상 시작하기

참선 명상을 시작할 때 가장 좋은 방법은 가까운 절이나 참선 명상 단체를 알아보고 찾아가는 것이다. 신문, 방송에서 참선 명상 프로그램을 운영하는 절이나 단체의 기사를 찾아보거나 인터넷 검색을 해도 된다.

　팬데믹 시대를 지나며 온라인으로 참선 명상 프로그램을 진행하는 절이나 명상단체도 늘어났다. 마음만 내면 공부하기가 쉬운 시대다. 특히 인터넷으로 하는 온라인 공부는 바쁜 현대인들에게 시간도 절약해주고 언제 어디서나 쉽게 접근할 수 있는 장점이 있다.

　다만 절이나 단체에서 운영하는 명상 프로그램 회비가 지나치게 비싸다면 주의할 필요가 있다. 현란한 과장 광고를 하고 비싼 회비를 받는다면 상업적인 목적으로 하는 것이니 피하는 것이 좋다. 종교에도 사이비가 있듯이 참선 명상하는 절이나 단체에도 사이비들이 있다. 이들은 온갖 달콤하고 유려한 말로 참선 명상 초보자를 유혹하여 지갑을 열게 한다.

세간에 널리 이름이 알려진 명상단체에서 프로그램을 하면서 1000만 원이 넘는 회비를 받고 있다는 이야기가 들린다. 이것은 장사를 목적으로 참선 명상을 팔고 있는 것이다. 이와 같이 비싼 회비로 명상 프로그램을 운영한다면 경계하고 피해야 한다. 이처럼 좋은 참선 명상을 하고 싶어도 어떻게 하는지 알 수 없어서 못하는 경우도 많다. 참선 명상에 관심이 있고 할 뜻이 있는 분들은 참선 명상 책이나 유튜브 영상을 찾아보는 경우가 많은데 책이나 인터넷에서 영상을 아무것이나 보는 것은 바람직하지 않다.

　일반 명상 서적의 경우는 좀 다르다. 서양에서 명상 붐이 크게 일어나며 명상 서적이 워낙 많이 번역 소개되고 있다. 손에 잡히는 대로 보기보다는 주변에 참선 명상을 오랫동안 한 분이나 사회적으로 신뢰할 만한 분에게 추천을 받아서 보는 것이 좋다. 아니면 불교계 신문 서평 코너에서 소개하는 명상 서적도 도움이 된다. 그 밖에 참선 명상 관련 서적은 저자가 조계종 스님이거나 스님 문하에서 참선을 배워서 바른 안목과 체험을 한 분이 지은 책을 보는 것이 좋다.

　요즘은 인터넷을 통해서 참선 명상에 관한 동영상도 많이 접할 수 있는데 불교방송이나 불교TV, 불교진흥원 등에서 제공하는 동영상은 대체로 신뢰할 만하고 공부에 도움이 된다. 다만, 개인이 제공하는 동영상 중에서는 검증되지 않은 사사로운 견해로 현혹하는 내용도 적지 않으니 잘 살펴야 한다.

부디 이 책이 명상에 관심을 가지기 시작한 독자나, 혹은 깨달음 화두 명상에 대해 관심을 가지고 공부하고 싶은 독자 모두에게 도움이 되길 바란다.

하루 5분 생활 명상

초판 1쇄 2024년 12월 3일

지은이 | 박희승

발행인 | 박장희
대표이사 겸 제작총괄 | 정철근
본부장 | 이정아
편집장 | 조한별

기획위원 | 박정호
마케팅 | 김주희 이현지 한륜아
디자인 | 김윤남

발행처 | 중앙일보에스(주)
주소 | (03909) 서울시 마포구 상암산로 48-6
등록 | 2008년 1월 25일 제2014-000178호
문의 | jbooks@joongang.co.kr
홈페이지 | jbooks.joins.com
네이버 포스트 | post.naver.com/joongangbooks
인스타그램 | @j__books

ISBN 978-89-278-8072-1 03190

중앙북스는 중앙일보에스(주)의 단행본 출판 브랜드입니다.